1年中楽しめる
花の折り紙
山口 真
Makoto Yamaguchi

Contents

P.（ページ）…写真／折り方

春 Spring

桜	P.3	P.35
すずらん	P.4	P.38
チューリップ	P.4	P.39
カーネーション	P.5	P.45
ハナミズキ	P.6	P.40
ユリ	P.7	P.47
花のトートバッグ	P.8	P.46
A ハナミズキ		P.40
B 平面のバラ		P.42
C あじさい		P.49
D ジャスミン		P.70
花のカード	P.9	P.44
タグカード	P.9	P.44
A 平面のバラ		P.42
B すみれ		P.50

夏 Summer

ハイビスカス	P.10	P.74
あじさい	P.11	P.49
ラウンドブーケ	P.12	P.68
キャスケードブーケ	P.13	P.68
朝顔	P.14	P.50
ジャスミン	P.15	P.70
クレマチス	P.16	P.72
ダリア	P.17	P.78

秋 Autumn

コスモス	P.18	P.77
どんぐり	P.19	P.80
イチョウ	P.19	P.80
花のトピアリー A	P.20	P.84
花のトピアリー B	P.20	P.86
コサージュ A	P.21	P.83
コサージュ B	P.21	P.83
秋色のバラ	P.22	
バラ3種	P.23	
五角の川崎ローズ		P.53
五角のマコトローズ		P.58
西川ローズ		P.64

冬 Winter

クリスマスツリー	P.24	P.89
クリスマスローズのリース	P.25	P.90
雪の結晶	P.26	P.98
スイセン	P.27	P.100
ポインセチア	P.27	P.92
胡蝶蘭	P.28	P.93
椿	P.29	P.104

沈め折りの折り方……………P.30
バラの折り方ポイント…………P.31
折り方の約束と記号……………P.33
五角形の切り出し方……………P.34
がく………………………………P.106
葉…………………………………P.108
花の飾り方………………………P.110
ループリボン……………………P.111

本書に掲載の作品を、複製して店頭、ネットオークションなどで販売することは禁止されています。
手作りを楽しむためにのみご利用ください。

春 spring

桜

やわらかな春の日差しに花びらがほんのり透けて、春の訪れを知らせてくれます。

花の折り方 * **P.35**
花の飾り方 * **P.110**

すずらん

本物らしさよりかわいらしさ。
チェックの葉をアクセントに
レースのリボンでまとめて
優しい雰囲気に。

花の折り方＊P.38

チューリップ

パステルカラーのチューリップ。
春の風に吹かれて
軽やかに咲かせて。

花の折り方＊P.39

カーネーション

シンプルで小さなブーケを贈りものに添えて。きっとあなたの気持ちを伝えてくれます。

花の折り方＊**P.45**
花の飾り方＊**P.110**

ハナミズキ

凛とした美しさのあるハナミズキを一輪挿しにして。中心を沈めて折ることで、最後に開くと花芯が丸くふくらみます。

花の折り方 ✽ **P.40**

ユリ

2枚の紙で花を1個作ります。大輪のユリは、花かごにふんわりと投げ入れるだけですてきなアレンジメントのでき上がり。

花の折り方 * **P.47**

花のトートバッグ

小さく折った花をアクセントにつけて。
それだけですてきなギフトバッグに。

花の折り方＊A（ハナミズキ）**P.40**　B（平面のバラ）**P.42**
　　　　　C（あじさい）**P.49**　D（ジャスミン）**P.70**
トートバッグの折り方＊**P.46**

花のカード

「平面のバラ」と「あじさい」を組み合わせたカードです。季節のお便りにいかが?

花の折り方 ✻ **P.42, P.49**
組み立て方 ✻ **P.44**

タグカード

手軽にできるタグカードは、たくさん作ってストックしておくと便利。プレゼントに添えると、より気持ちのこもったものに。

花の折り方 ✻ A(平面のバラ) **P.42**
　　　　　　　 B(すみれ) **P.50**
組み立て方 ✻ **P.44**

9

ハイビスカス

グラデーションのある紙で折ったハイビスカス。大きく開いた花に元気をもらえそう。めしべの先には紙の裏側が現れます。

花の折り方＊**P.74**

あじさい

丸くこんもりと飾ったあじさいの花。ガラスのお皿に置いて、涼しげに夏を迎えます。

花の折り方 ＊ **P.49**

ラウンドブーケ

花言葉が「夢叶う」の青いバラに
ジャスミンをちりばめて、花嫁の
サムシングブルーに。

花の折り方 ＊ 西川ローズ **P.64**
　　　　　　　ジャスミン **P.70**
組み立て方 ＊ **P.68**

キャスケードブーケ

2種類のバラで作る、大作のキャスケードブーケです。ピンクの紙で濃淡をつけて立体的に。

花の折り方＊五角の川崎ローズ **P.53**
　　　　　　五角のマコトローズ **P.58**
組み立て方＊**P.68**

朝顔

立体的に仕上がる朝顔です。
淡いぼかしの和紙で折って、
さわやかな夏の朝を演出。

花の折り方＊P.50
花の飾り方＊P.110

ジャスミン

ブーケなど、ほかの花と一緒にアレンジメントするのに相性のいい花です。素材や色に変化をつけて楽しんでみましょう。

花の折り方 * **P.70**

クレマチス

1枚ずつ花びらを作るので簡単にでき上がります。花びらを組み合わせれば、5弁も6弁も自由自在。

花の折り方 ＊ **P.72**

ダリア

デフォルメを効かせたダリアは、淡いグラデーションのついた紙で、柔らかさを出して。

花の折り方 ＊ **P.78**

秋 Autumn

コスモス

風にそよぐコスモスの花。花は平面ですが、がくをつければ立体の花として飾ることもできます。

花の折り方 * **P.77**

どんぐり・イチョウ

どんぐりの実と帽子は別々に折って組み合わせます。小さな箱のように、中に何かを入れることもできる楽しい作品です。

花の折り方 * どんぐり・イチョウ **P.80**
葉B **P.108**

花のトピアリーA, B

花模様のくす玉に支柱をつけてトピアリー風に。支柱は竹ぐしを利用して作ります。パーツの花一つで、一輪の花としても飾れます。

花の折り方＊A **P.84**　B **P.86**

コサージュ A, B

Aは「五角のマコトローズ」、Bは
「五角の川崎ローズ」で作ります。
紙の色や質感は、合わせる服や
小物を意識して選んでみましょう。

花の折り方＊A P.58 B P.53
組み立て方＊P.83

21

秋色のバラ

凝縮した色と香りが楽しめる秋バラを、深みのあるこっくりとした色合いの紙で折りました。

花の折り方 ＊ 五角の川崎ローズ P.53
　　　　　　　　五角のマコトローズ P.58

バラ3種

3種類のバラを一輪ずつ並べて。AとCは五角形の紙から折るバラです。四角の紙からカドを一つ増やすことで、華やかな仕上がりになります。Bは中心をねじって仕上げる、ユニークな折り方で作ります。

花の折り方* A 五角の川崎ローズ **P.53**
　　　　　　 B 西川ローズ **P.64**
　　　　　　 C 五角のマコトローズ **P.58**

クリスマスツリー

「五角の川崎ローズ」で作るゴージャスなツリー。土台に花をすき間なく、ぎゅっと詰め込むのがポイントです。

花の折り方＊**P.53**
組み立て方＊**P.89**

冬 / Winter

クリスマスローズの
リース

植物をすき込んだ手すき紙で、ナチュラルテイストに仕上げました。花と葉はバランスを見て飾りましょう。

花の折り方＊P.90

A

B

雪の結晶

6枚組、8枚組で作る雪の結晶
は、まるで空から降る花のよう。
トレーシングペーパーで折ると
透け感が楽しめます。

花の折り方→P.98

スイセン

難易度が高めのスイセンは、折り筋をしっかりつけるのがポイント。一つずつていねいに折って大事に飾りたいですね。

花の折り方＊P.100

ポインセチア

簡単な葉を組み合わせて作ります。高さ12cmほどの、飾りやすいミニサイズです。

葉の折り方＊P.108
組み立て方＊P.92

胡蝶蘭

ピンクの和紙で折った愛らしい胡蝶蘭です。花のバランスは、にぎやかに華やかに見えるように整えましょう。

花の折り方 * **P.93**

椿

金振りの和紙を使い、紅白で折ったおめでたい正月飾りです。花と花芯は別々に折って組み立てます。

花の折り方 ＊ P.104

折り方解説1

沈め折りの折り方 How to fold an open sink

「沈め折り」というやや特殊な折り技法を写真を交えて解説します。折り方の記号は**33**ページを参照してください。

ハナミズキ

沈め折りは、その名の通り、カドを沈めるように折る方法です。立体的な作業のため、慣れが必要です。ポイントは、沈める前にしっかりと折り筋をつけることです。

P.41の**17**から始める

17

■の部分を沈めるように折る

18-1 一度全部ひろげて折り筋を図のようにつけ直す

■の八角形を先に山折りにつけ直す

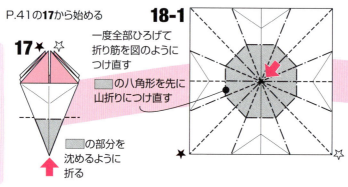

18-2 途中の様子

21
P.41の**21**に続く

20 途中の様子

19 ■の部分を沈めながら折りたたむ

18-3 折り筋をつけ直したところ

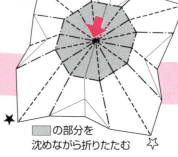

クリスマスローズ

十角形の部分を沈めるように折ります。形は変わっても基本は同じです。

P.91の**15**から始める

15 ■の部分を沈めるように折る

16・17 十角形の折り筋をつけ直す

18 中心を沈めながら折りたたむ

19 P.91の**19**に続く

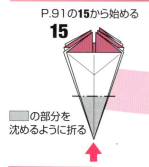

スイセン

六角形の部分を沈めるように折ります。形は変わっても基本は同じです。

P.102の**30**から始める

30 ■の部分を沈めるように折る

31 六角形の折り筋をつけ直す

32 中心を沈めながら折りたたむ

33 P.102の**33**に続く

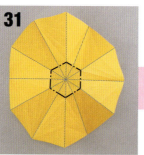

折り方解説2

バラの折り方ポイント Difficult Steps of Roses

本書で最も難しい作品、「五角のマコトローズ」「五角の川崎ローズ」「西川ローズ」の折り方ポイントを解説します。

五角のマコトローズ

P.59の**13**から始める

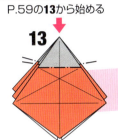

つけた折り筋で ▨ の部分を沈め折り

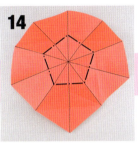

全部ひろげて中心の五角形を山折りにつけ直す

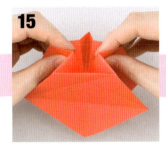

中心を沈めながら折りたたむ

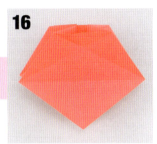

左側が3枚右側が2枚になる
P.59の**17**から続きを折る

P.61の**36**から始める

フチをかるくひろげる

ついている折り筋でフチの内側に折り込む

途中の様子

フチを戻す
P.61の**39**から続きを折る

P.61の**47**から始める
内側の紙を引き出す

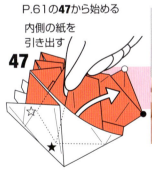

引き出した部分は立体になる
つぶさないように裏返す

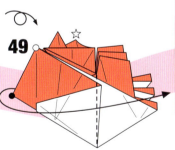

反対側へ折る

ついている折り筋でフチの内側に折り込む

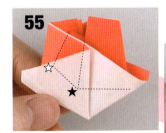

P.62の**55**から続きを折る

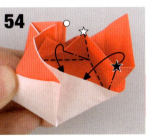

ついている折り筋でフチの内側に折り込む

立体のまま裏返す

フチを戻す

31

五角の川崎ローズ

P.55の**24**から始める

■の部分を沈め折り

25

全部ひろげて中心の
五角形を山折りにつけ直す

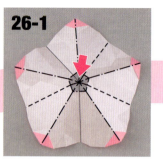

26-1

■の部分を
沈めながら折りたたむ

26-2

中心を沈めながら折りたたむ

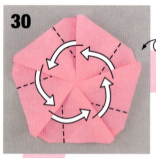

30

ついている折り筋で
重なりをずらすようにして
立体にする

29

裏返す

28

中心をひろげて
平らに折りたたむ

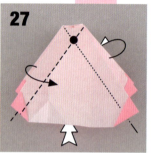

27

●を中心にして
ねじるようにひろげる

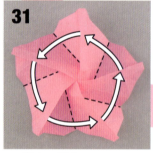

31

途中の様子
それぞれ巻くようにする

32

中心をひろげて形を整える

Point

ペンの先などを使うとよい

33

P.56の**33**から続きを折る

西川ローズ

P.67の**47**から始める

47

4つのカドを起こして
先を合わせてのりづけ

50

カドが集まった部分を
ピンセット等でつまみ本体をねじる

Point

できるかぎりしっかりと
回転させる

51

P.67の**51**から続きを折る

折り方の約束と記号 Symbols and Base Folds

折り方解説3 きれいな折り紙作品を折るためには、折り図を正確に読み取ることが大事です

折り方の図（折り図）は、一見複雑そうに見えても、実際には「山折り」と「谷折り」の2種類の折り線だけで表現されています。この2種類がわかれば大抵のものを折ることができます。そして、数種類の補助記号を覚えれば完璧です。記号の種類は多くありません。ぜひ理解して覚えてください。

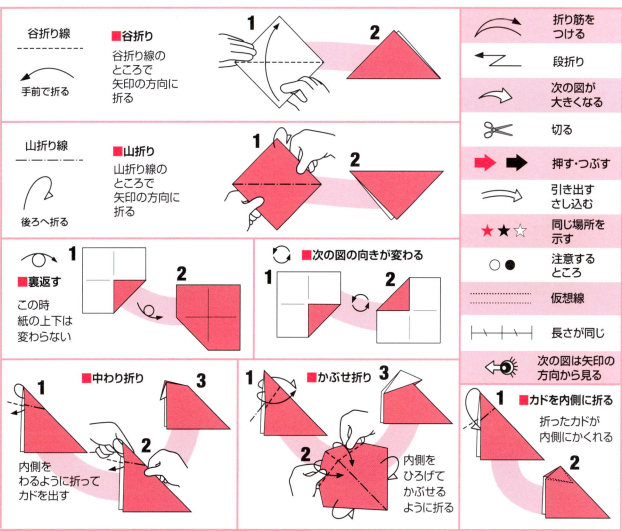

きれいに折るためのポイント

1. 折り筋はしっかりと正確につけましょう
折り筋がはっきりついていないと紙がずれて、完成に近づく程形が折り図と違ってきて、折り間違いの原因にもなります。時にはヘラなどを使い、しっかりした折り筋線をつけましょう。

2. 途中でわからなくなったら
折っていてわからなくなったら、少し前の工程まで紙をひろげ、手元の折り紙と、折り図の向きを同じにしてからもう一度折り直してみましょう。紙がぐちゃぐちゃになったら、思い切って新しい紙で最初から折り直すことも大事です。

3. 本番の紙を使う前に練習を
飾れる作品を作るなら、まずは普通の折り紙用紙で練習してみてください。その中で、どんな紙を使ったらいいか、どう折ったらきれいか、いろいろなことがわかってくるでしょう。

本書の使い方

1. 難易度について
作品タイトルの下に、「難易度」を花（🌸）マークの数で5段階表記しました。花マークが多いほど難しい作品で、少ないのは比較的やさしい作品です。折るときの参考にしてください。

2. 紙と材料について
写真の作品に使った紙や材料のサイズと数を、作品タイトルの下または折り図中に表記しました。しかし実際には、使う紙の質や厚さ、そして折る人によっても、「適切な紙」は異なります。紙選びも、楽しみ方の一つとして取り組んでみてください。

五角形の切り出し方 How to Make a Pentagon Paper

折り方解説4

本書では、五角形から折り始める花が5種類あります。折り図は五角形から始まるので、まずこのページを見て五角形を切り出してください。

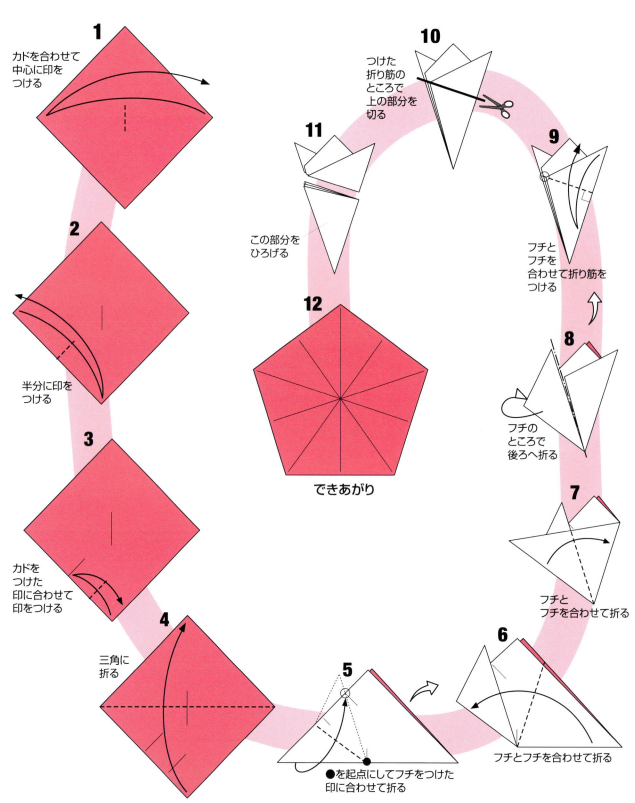

難易度 🌸🌸🌸🌸🌸　　　　　　　　写真 P.3

桜 Cherry Blossom

紙●10×10cm・20枚程度（ます1個分）
材料●造花用ワイヤー#22・9cm・20本／吸水性スポンジ・適量／ます・外径8.2×8.2×5.7cm・1個／ラフィア（リボン）・適量

細かい折りが多い作品です。最初は15×15cmくらいの紙で練習するとよいでしょう。

P.34［五角形の切り出し方］のできあがりから始める

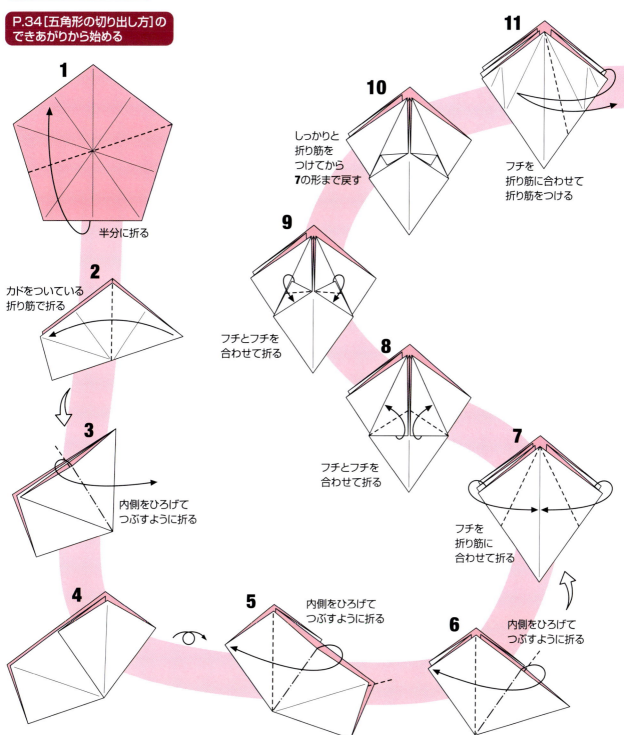

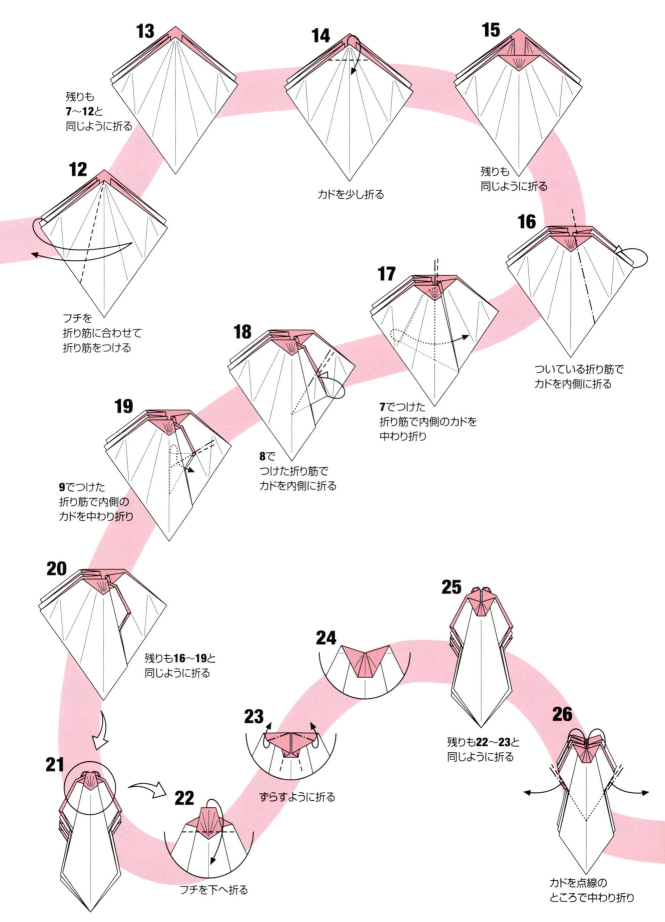

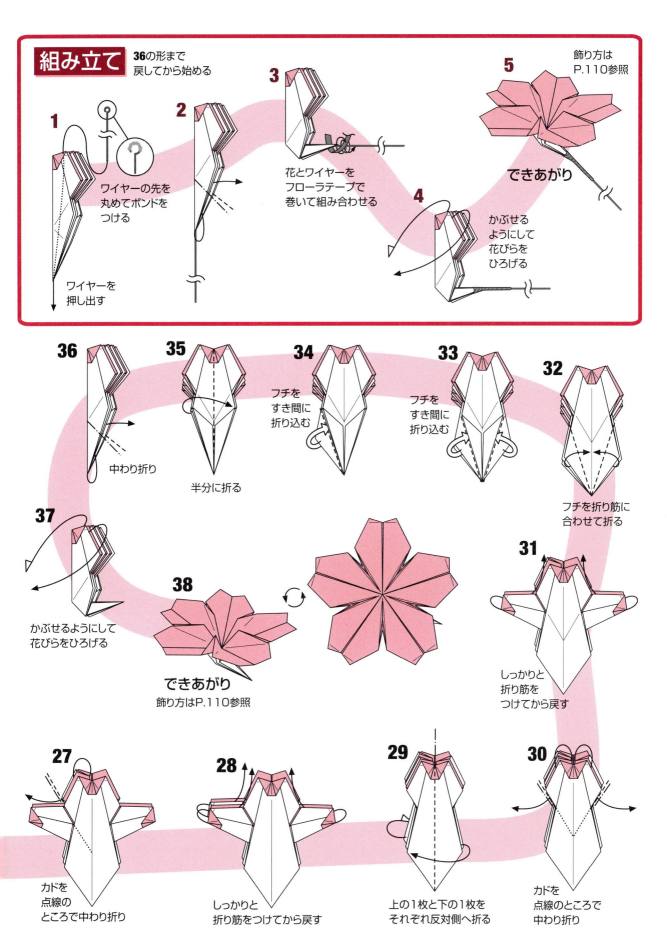

難易度 🌸🌸🌼🌼🌼 　　　写真 P.4

すずらん Lily of the valley

紙●花:3.75×3.75cm・6枚／葉C:10×10cm・2枚(フレーム1個分)
材料●花:造花用ワイヤー#22・18cm・2本、3cm・4本／葉C:造花用ワイヤー#22・12cm・2本／フローラテープ・適量／1.5cm幅レースのリボン・適量／フレーム・外径18×13.5cm・1個

図12〜13の花をふくらませる工程は、小さく折るときは棒状のものでひろげるとよいでしょう。

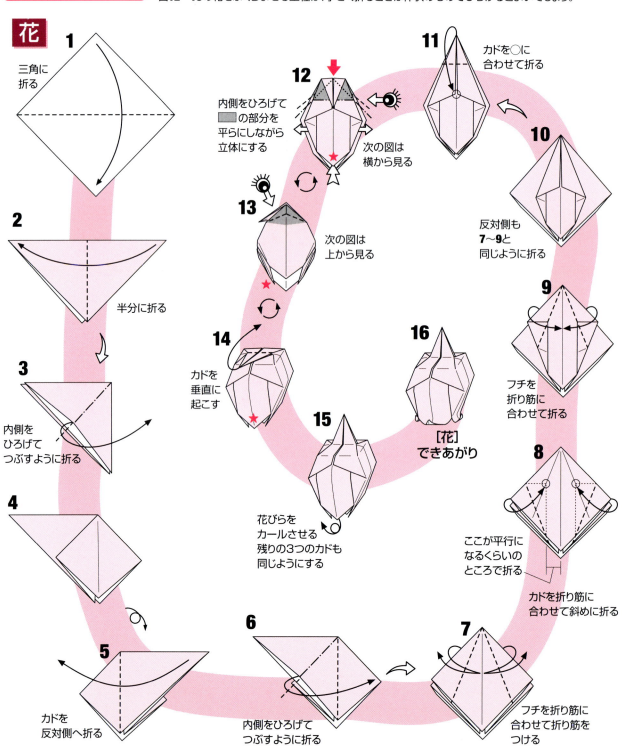

38

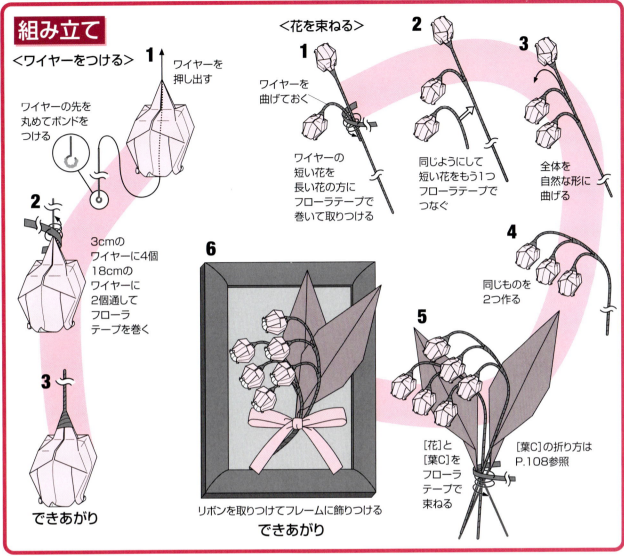

チューリップ

すずらんの[花]のできあがりを逆さまにして使う

紙 ● 花:7×7cm・1枚／葉C:5×5cm・2枚(鉢1個分)
材料 ● 花:造花用ワイヤー#22・9cm・1本／葉C:造花用ワイヤー#22・6cm・2本／植木鉢・高さ4cm・1個／フローラテープ・適量／吸水性スポンジ・適量／グリーンモス・適量

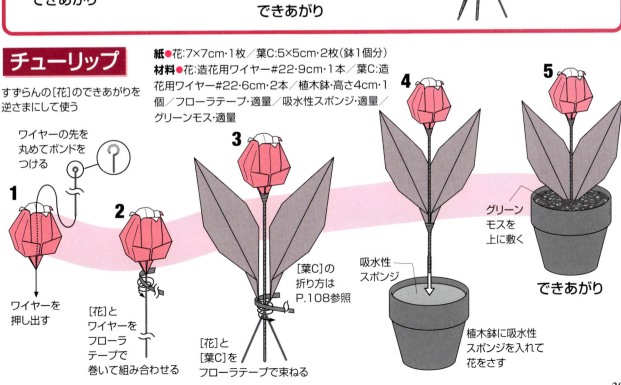

写真 **P. 6, 8**

難易度 ★★★☆☆

ハナミズキ Dogwood Flower

紙●P.6の花：9×9cm・3枚、がくA：4×4cm・3枚／葉A：4.5cm×4.5cm・6枚（枝1本分）（P.8[花のトートバッグA]の紙サイズはP.46参照）
材料●P.6の花：造花用ワイヤー#22・9cm・3本／葉A：造花用ワイヤー#22・36cm・1本、9cm・5本

図17～20の沈め折りが難しい作品です。図15～16の折り筋をしっかりとつけて折りたたみましょう。

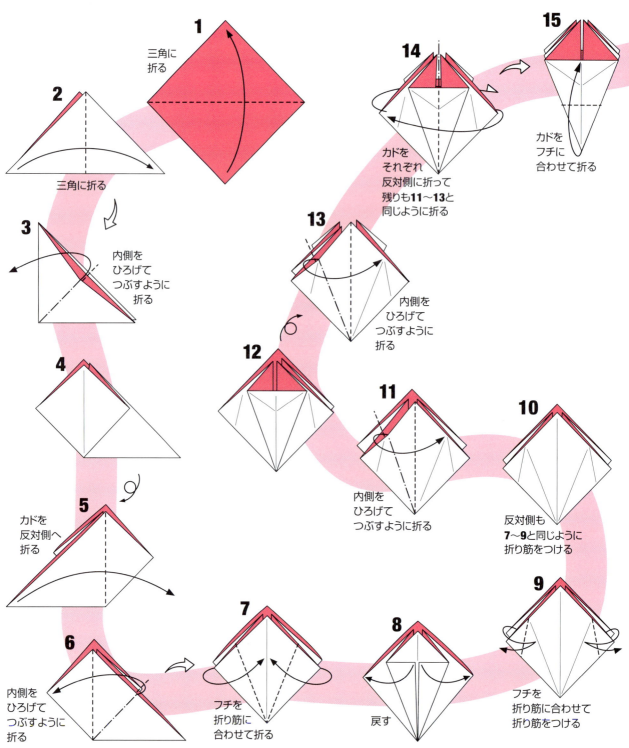

40

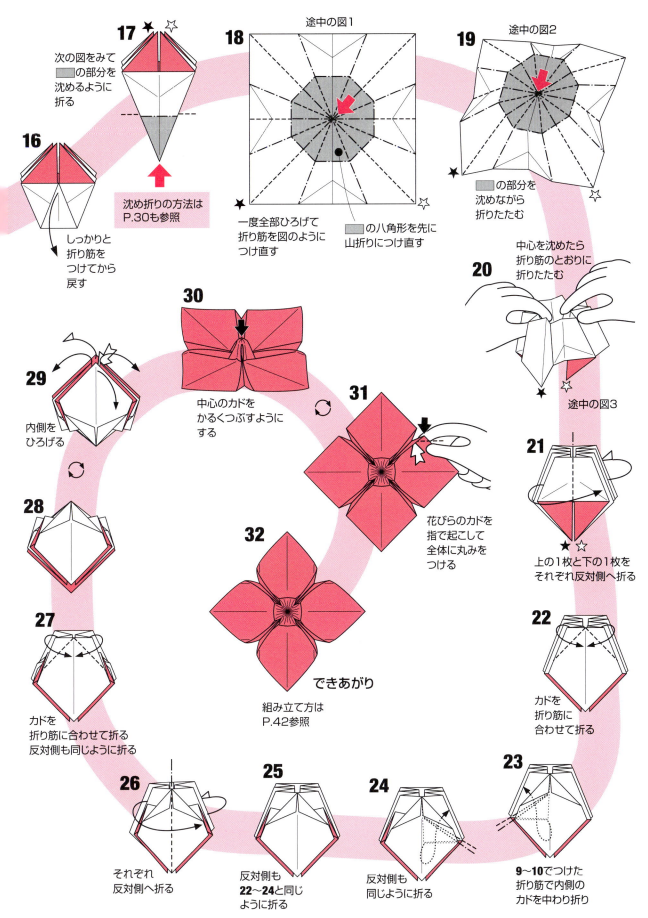

組み立て

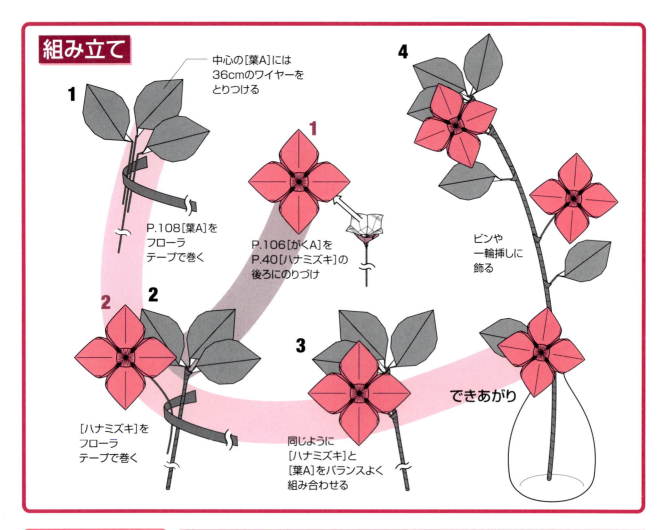

1. 中心の[葉A]には36cmのワイヤーをとりつける
   P.108[葉A]をフローラテープで巻く
2. [ハナミズキ]をフローラテープで巻く
   P.106[がくA]をP.40[ハナミズキ]の後ろにのりづけ
3. 同じように[ハナミズキ]と[葉A]をバランスよく組み合わせる
4. ビンや一輪挿しに飾る

できあがり

難易度 ❀❀❀❀❀　　　写真 P.8, 9

平面のバラ Flat Rose
伝承のアレンジ　Arrangement of tradition

◆紙●5×5cm・2枚　（P.8[花のトートバッグB]の紙サイズはP.46参照、P.9[タグカードA][花のカード]の紙及び材料サイズはP.44参照）

伝承のつばきを、座布団折りで一回り小さくして中心の裏白をかくしつつ二重にすることによって、バラに見立てました。もう40年ほど前のアイデアですが、とても気に入っています。

外側

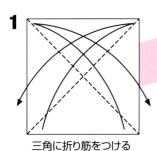

1. 三角に折り筋をつける
2. フチを折り筋に合わせて折る

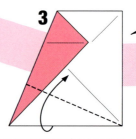

3. フチを折り筋に合わせて折る

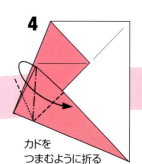

4. カドをつまむように折る

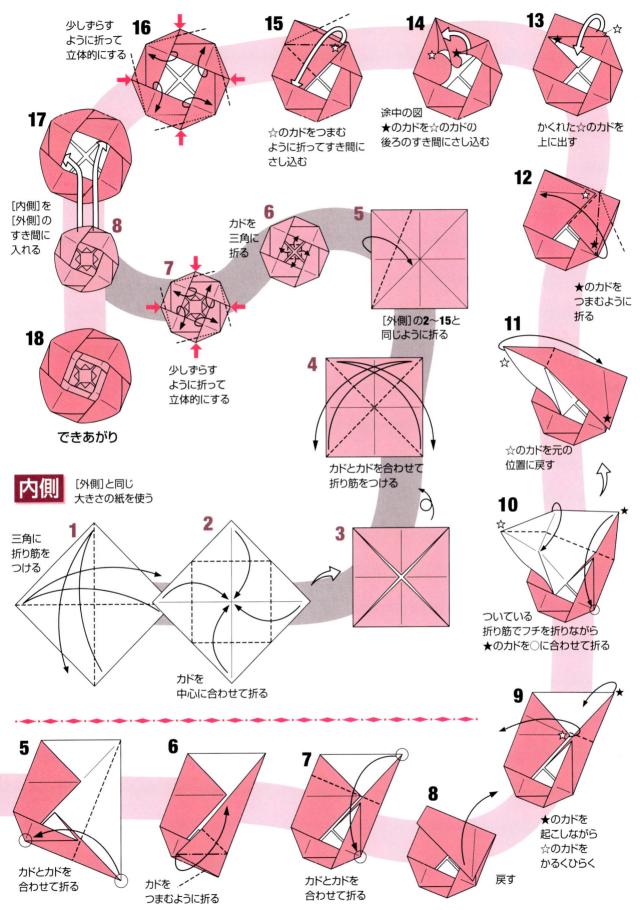

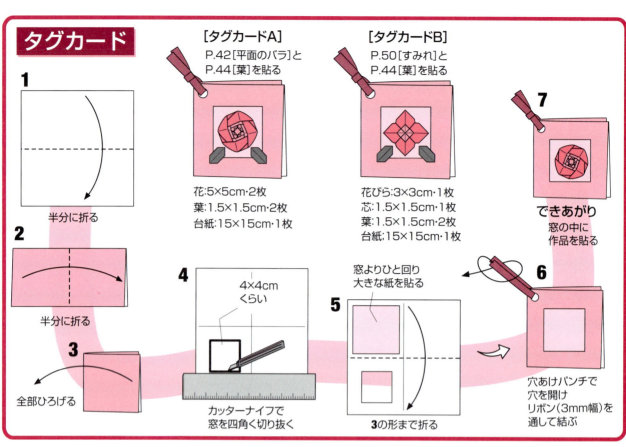

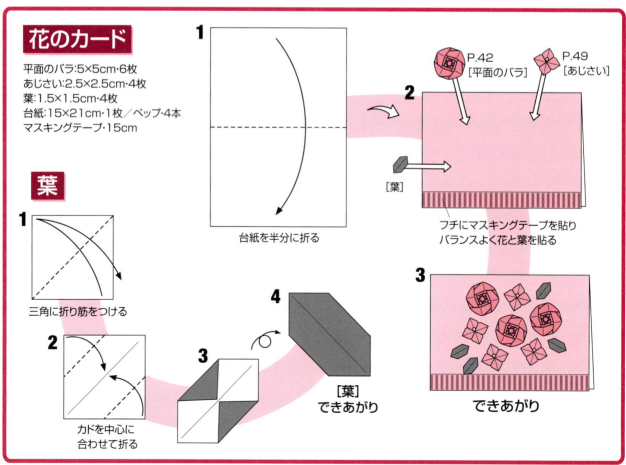

難易度 🌸☆☆☆☆ 写真 P.5

カーネーション Carnation

紙●13×13cm・1枚(花1個分)
材料●造花用ワイヤー#22・12cm・1本　道具●はさみ

図10は、ピンキングばさみを使うと、複数の花を作るときに形がそろってきれいです。

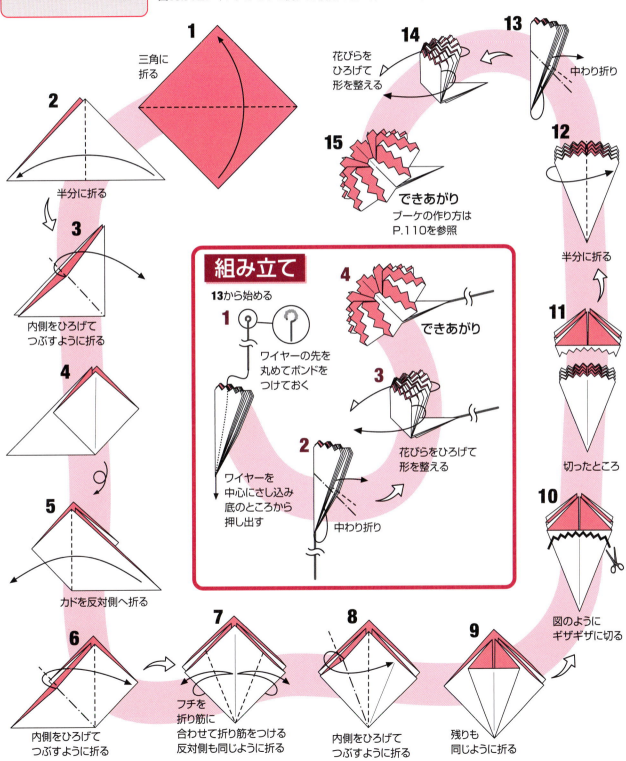

花のトートバッグ Tote Bag with Flower

写真 P.8

難易度

紙●トートバッグ:30×21cm・1枚(トートバッグ1個分)／A.ハナミズキ:4×4cm・1枚(花1個分)／B.平面のバラ:5×5cm・2枚(花1個分)／C.あじさい:2.5×2.5cm・2枚(花2個分)／D.ジャスミン:6.5×6.5cm・1枚(花1個分)

材料●持ち手:3mm幅リボン・適量・2本／マスキングテープ・適量　道具●穴あけパンチ

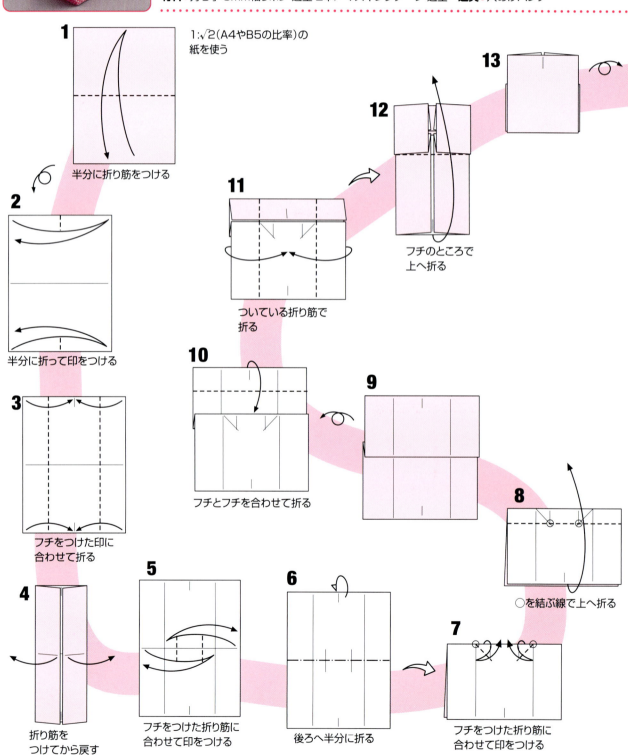

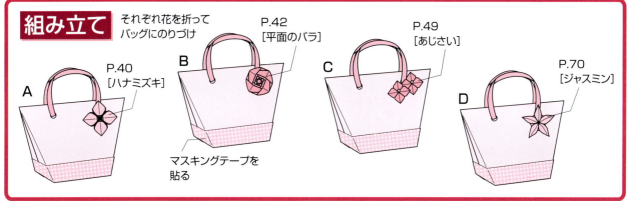

ユリ Lily

難易度 ★★☆☆☆　　写真 P.7

紙●花:15×15cm・2枚(花1個分)／葉C:15×15cm・1枚(葉C1個分)
材料●花:造花用ワイヤー#22・18cm・1本／ペップ・6本／葉C:造花用ワイヤー#22・18cm・1本

正三角形を2枚使って作ります。図17ののりづけは、底のカドとカドがぴったり合うように、しっかりとさし込んでください。

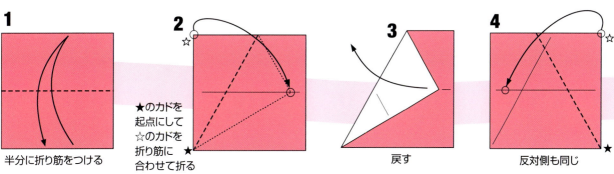

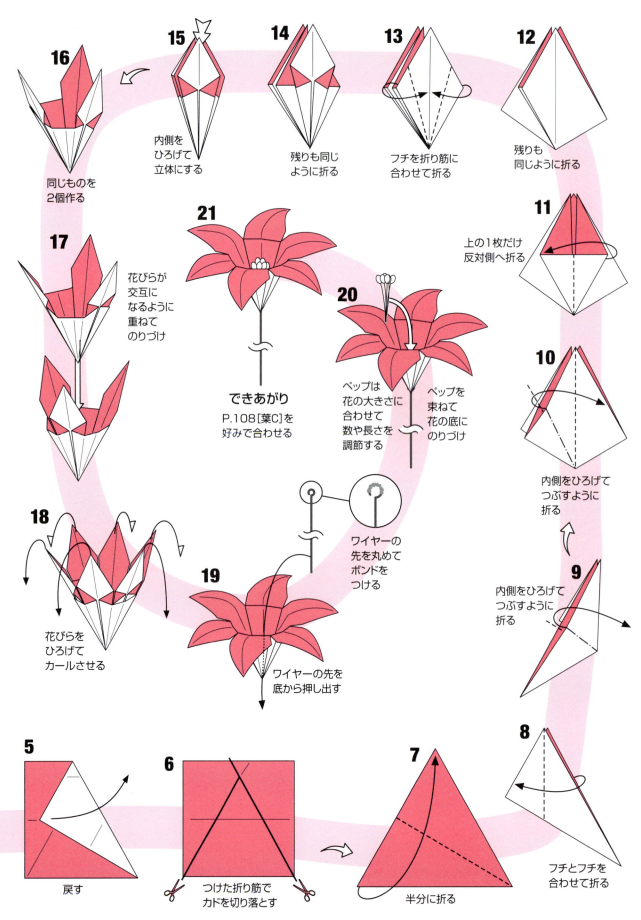

あじさい Hydrangea

写真 **P.8, 11**

紙●P.11の花:3×3cm・40枚程度／葉B:5×5cm・2枚(花1個分)(P.8[花のトートバッグC]の紙サイズはP.46参照)

材料●P.11の花:造花用ワイヤー#22・3cm・40本程度／ペップ・40本程度／直径7cmの球状の吸水性スポンジ・半分

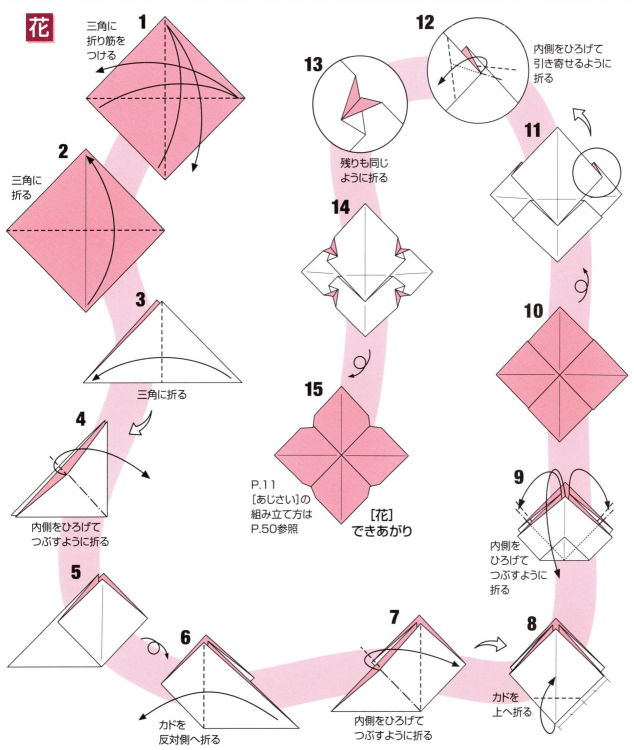

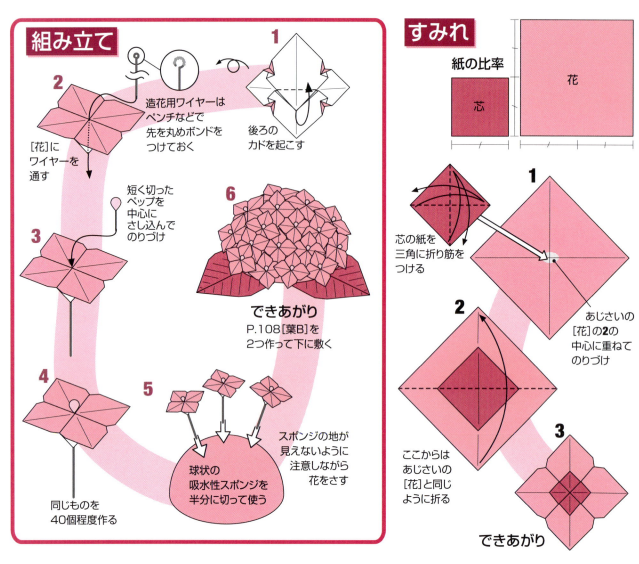

難易度 🌸🌸🌼🌼🌼　　　写真 P.14

朝顔 Morning Glory

紙●花:13×13cm·3枚／葉·大:12×12cm·1枚／葉·小:10×10cm·2枚（フレーム1個分）
材料●フレーム·外径28×11.5cm·1個

少しだけ立体的になる朝顔です。図17は、ついている折り筋を、そのまま使って折りたたみます。新しい折り筋をつけたり、山折り線と谷折り線を入れ替えたりしないよう注意しましょう。

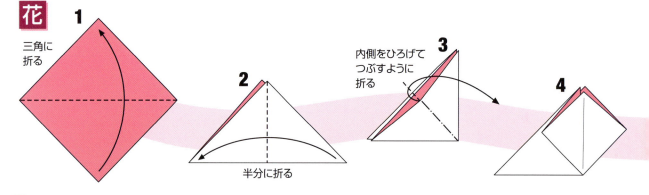

50

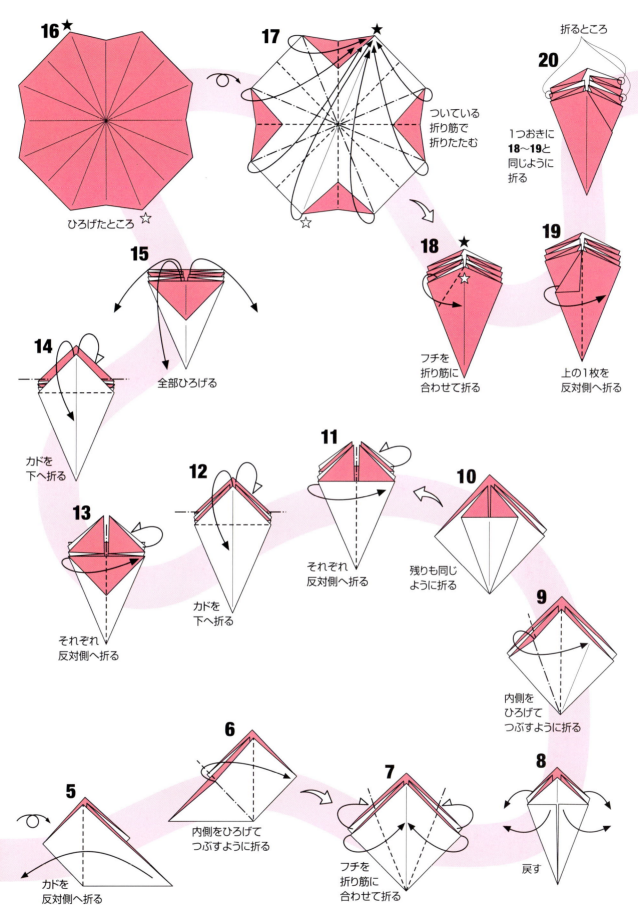

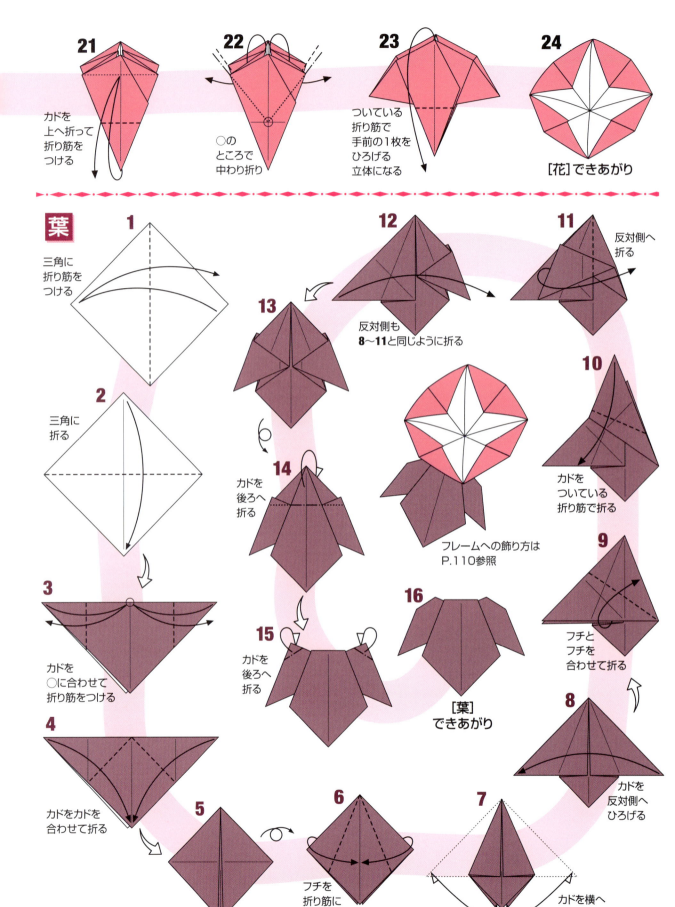

難易度 ❀❀❀❀❀　　　写真 **P.13, 21, 22, 23, 24**

五角の川崎ローズ
Pentagonal Kawasaki Rose

川崎敏和・原作
Original model by Toshikazu Kawasaki

紙●P.22の花:18×18cm・1枚、がくB:6×6cm・1枚(花1個分)／P.23の花:24×24cm・1枚、がくB:8×8cm・1枚(花1個分)
材料●造花用ワイヤー#22・18cm・1本　(P.13、21、24の紙及び材料サイズは各組み立て方参照)

P.34[五角形の切り出し方]のできあがりから始める

川崎敏和さんに許可を得て、四角で折る「川崎ローズ」を、ほぼ正確に五角形で折れるようにしたバラです。

1 半分に折る

2 ついている折り筋で折る

3 内側をひろげてつぶすように折る

4

5 内側をひろげてつぶすように折る

6 内側をひろげてつぶすように折る

7 カドをフチに合わせて印をつける

8 カドをつけた印に合わせて印をつける

9 カドをつけた印に合わせて折る

10 しっかりと折り筋をつけてから全部ひろげる

11 カドを折り筋に合わせて印をつける

53

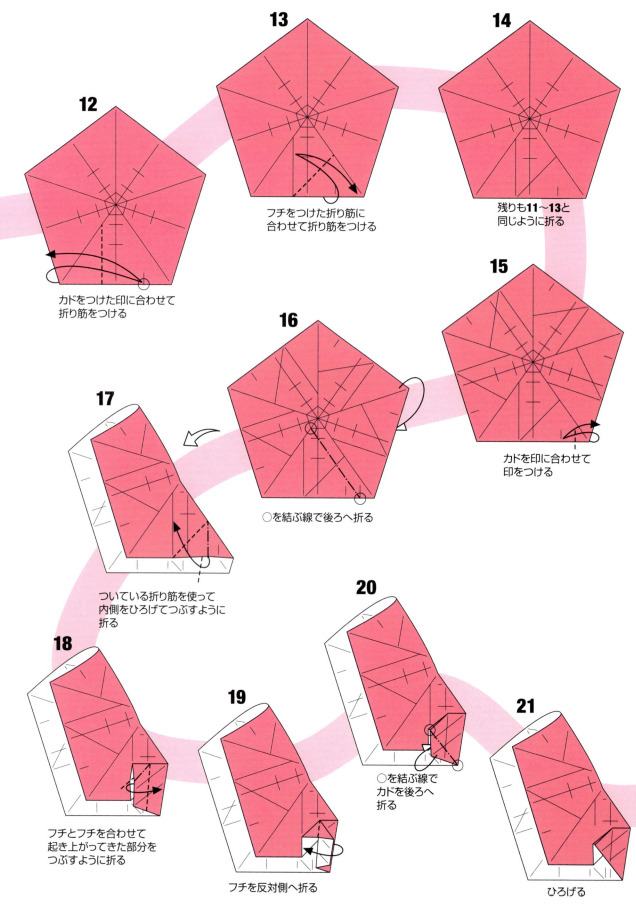

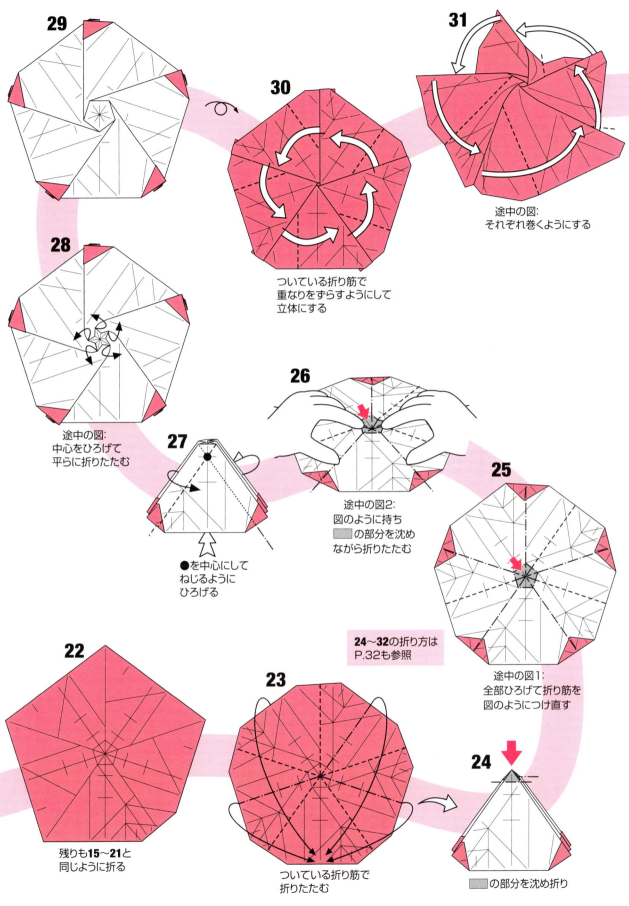

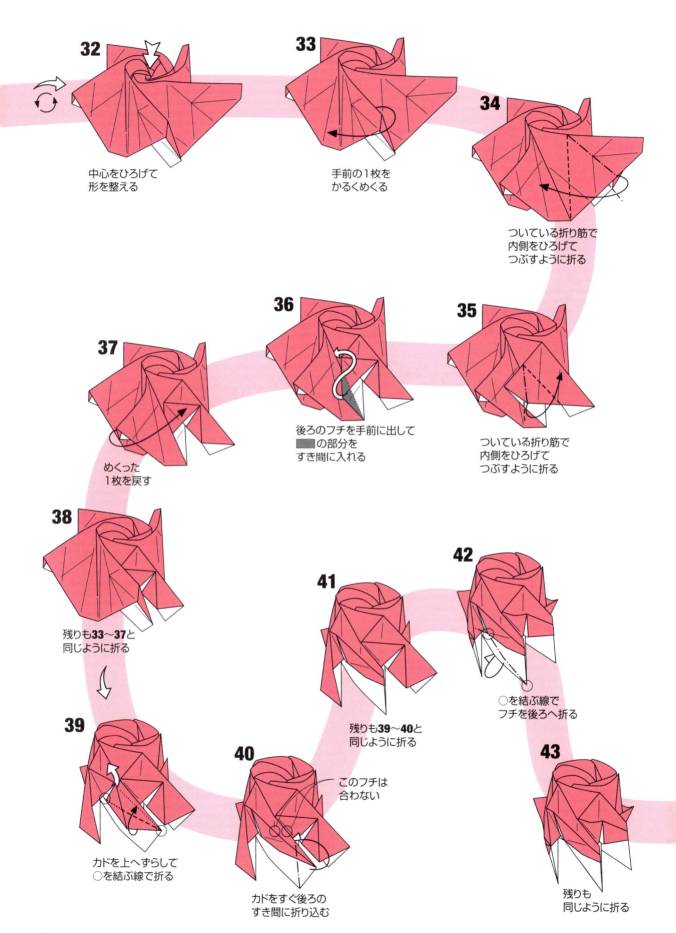

52 できあがり

51 カドをカールさせて形を整える

50

49 カドをすき間にさし込む

48 カドの先をフチの後ろへ入れてとめる

47 カドの先をフチの後ろへ入れてとめる

46 カドの先をフチの後ろへ入れてとめる

45 カドの先をフチの後ろへ入れてとめる

44

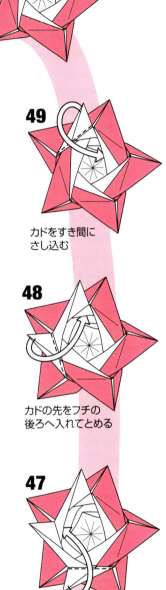
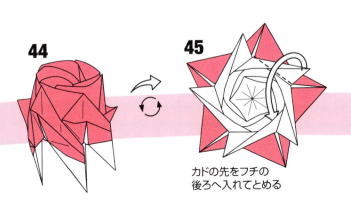

がくの取り付け

紙の比率

花 / がく

1 のりの部分 — P.106[がくB]を花の裏にのりづけ

2 できあがり

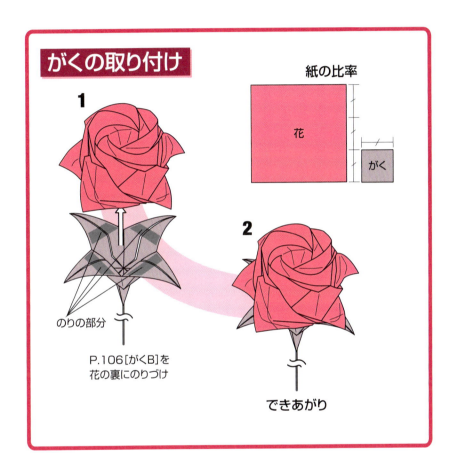

五角のマコトローズ Pentagonal Makoto Rose

難易度 ❀❀❀❀❀　写真 P.13, 21, 22, 23

紙●P22の花:24×24cm・1枚、がくB:8×8cm・1枚(花1個分)／P.23の花:24×24cm・1枚、がくB:8×8cm・1枚(花1個分)
材料●造花用ワイヤー#22・18cm・1本　(P.13、21の紙及び材料サイズは各組み立て方参照)

正方形で折る「マコトローズ」の五角形バージョンで、正方形よりもしっかりとした形になります。

P.34[五角形の切り出し方]のできあがりから始める

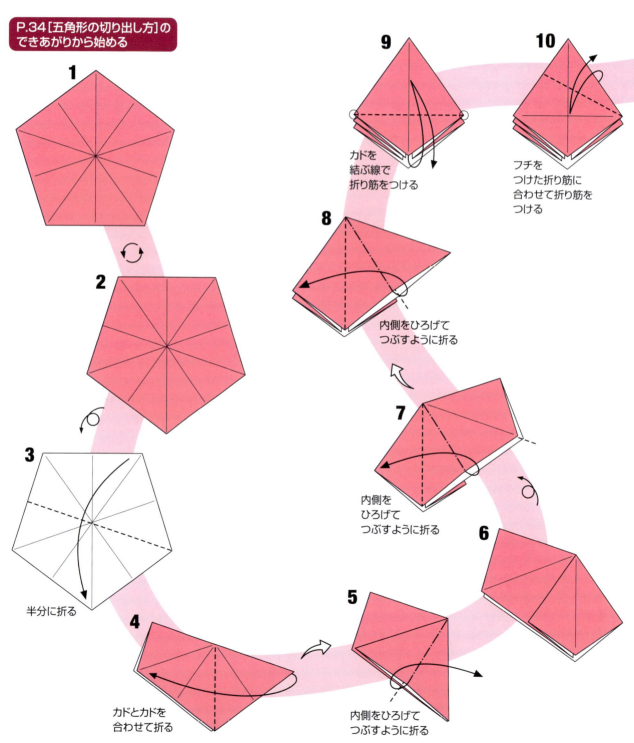

58

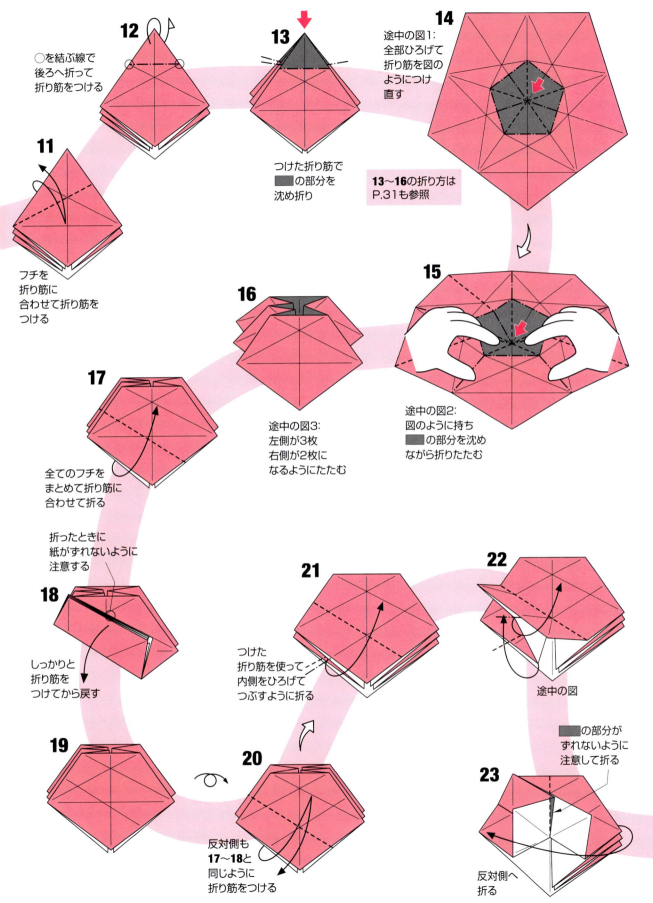

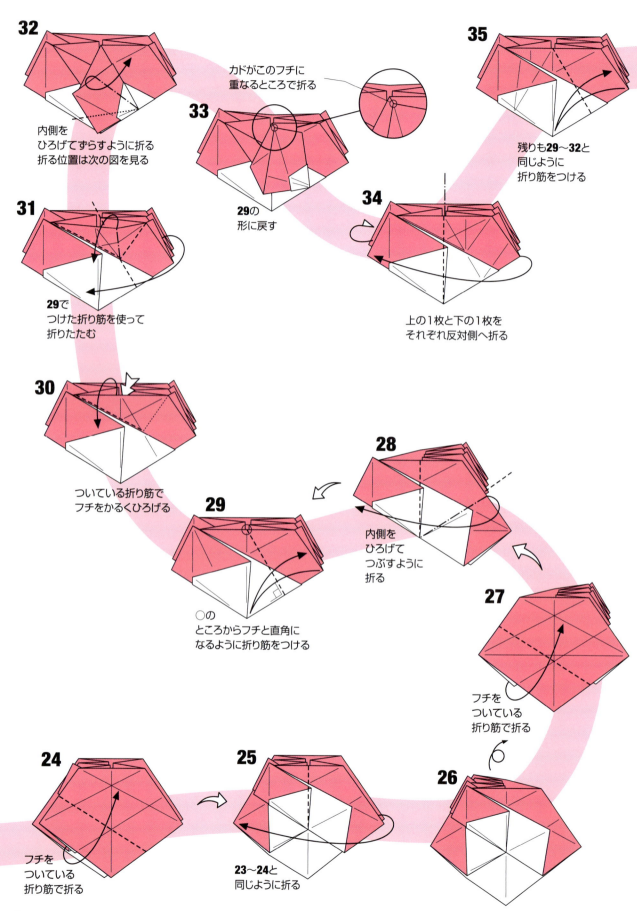

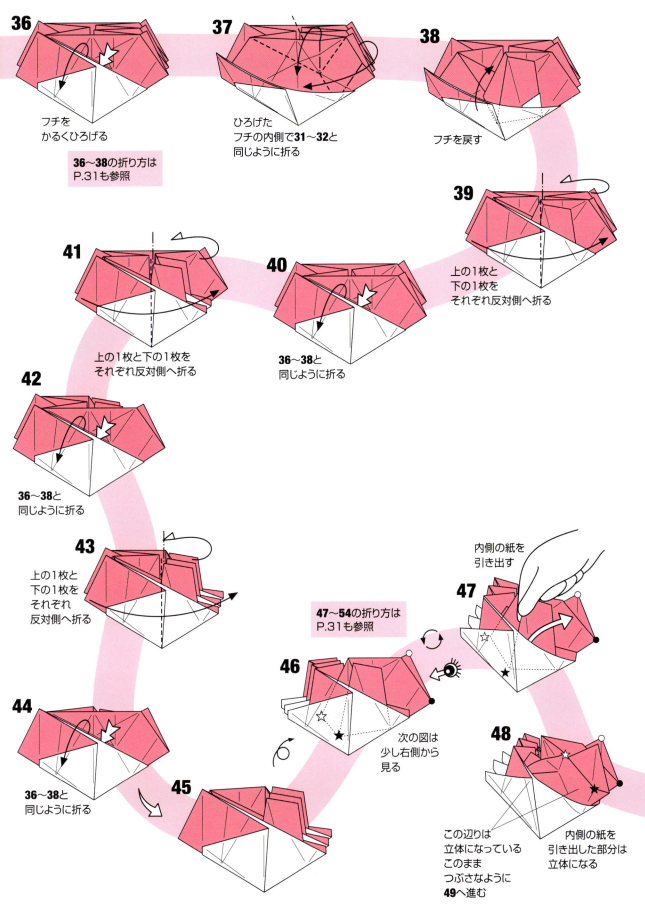

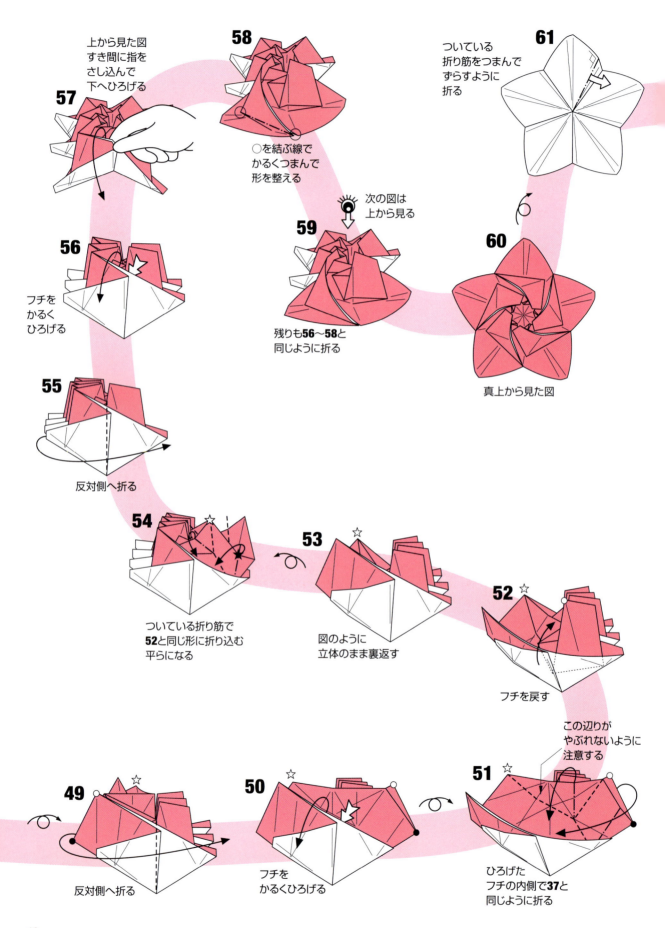

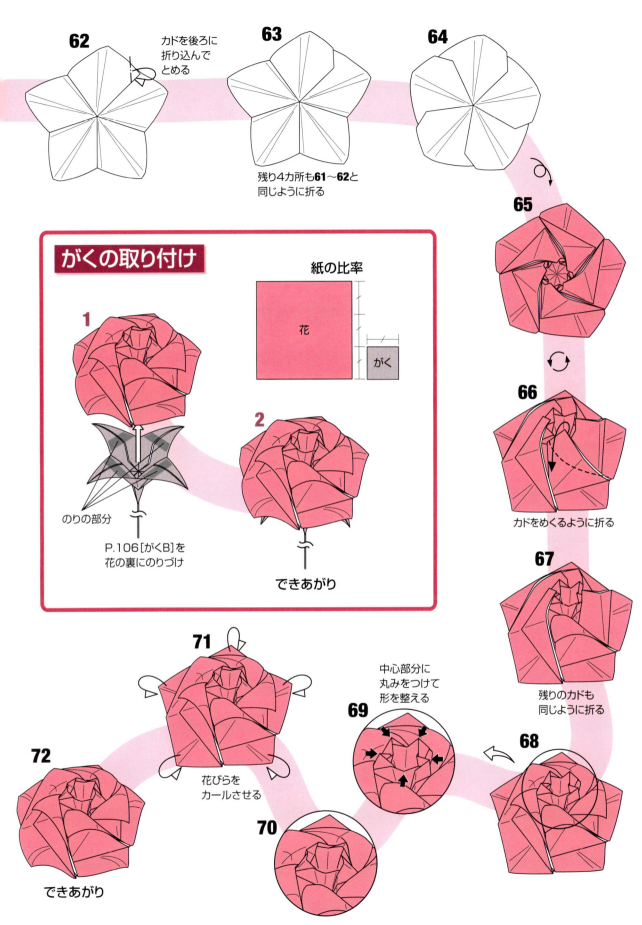

西川ローズ Nishikawa Rose

難易度 ❀❀❀❀❀

写真 P.12, 23

西川誠司・作
Designed by Seiji Nishikawa

紙●P.23の花:24×24cm・1枚、がくB:8×8cm・1枚(花1個分)
材料●造花用ワイヤー#22・18cm・1本　**道具**●ピンセット、ボンド　(P.12の紙及び材料サイズはP.68参照)

個性的な方法で花の中心を表現したバラです。図50では、本当にしっかりと限界までねじってください。

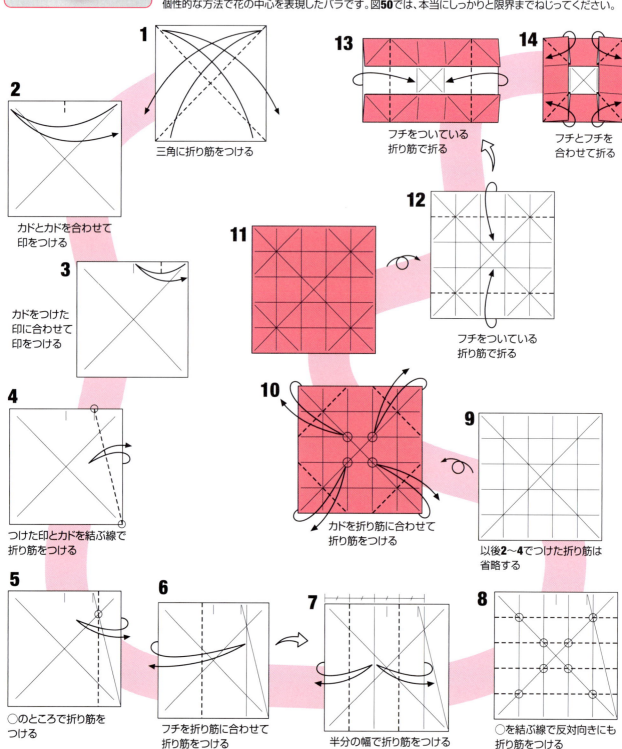

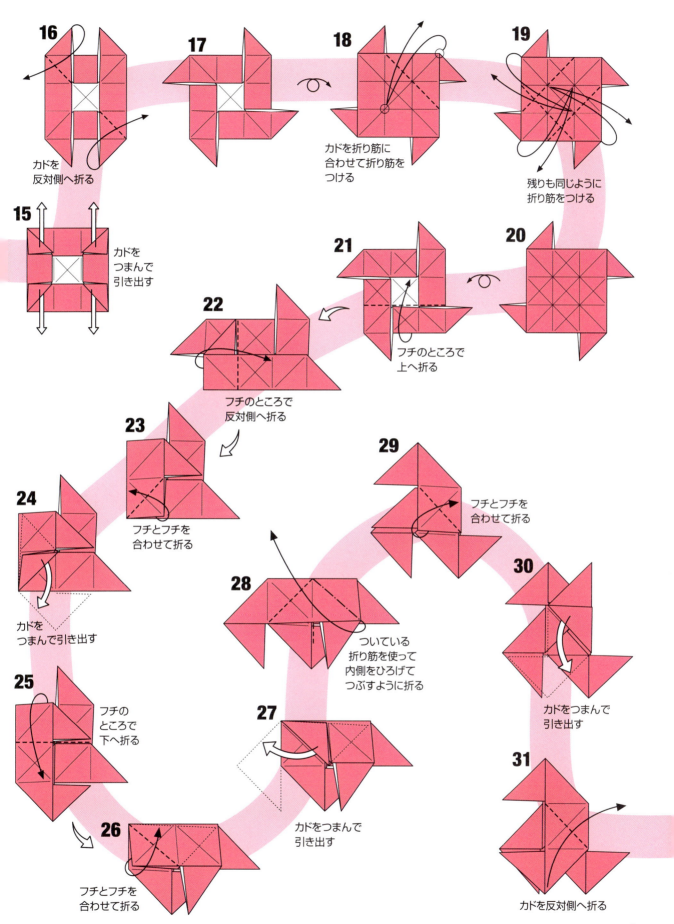

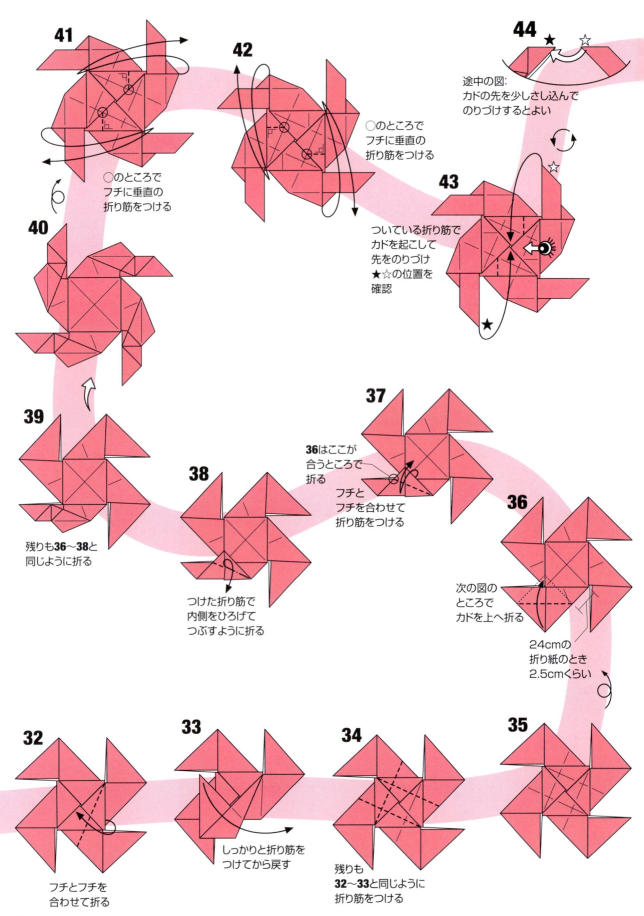

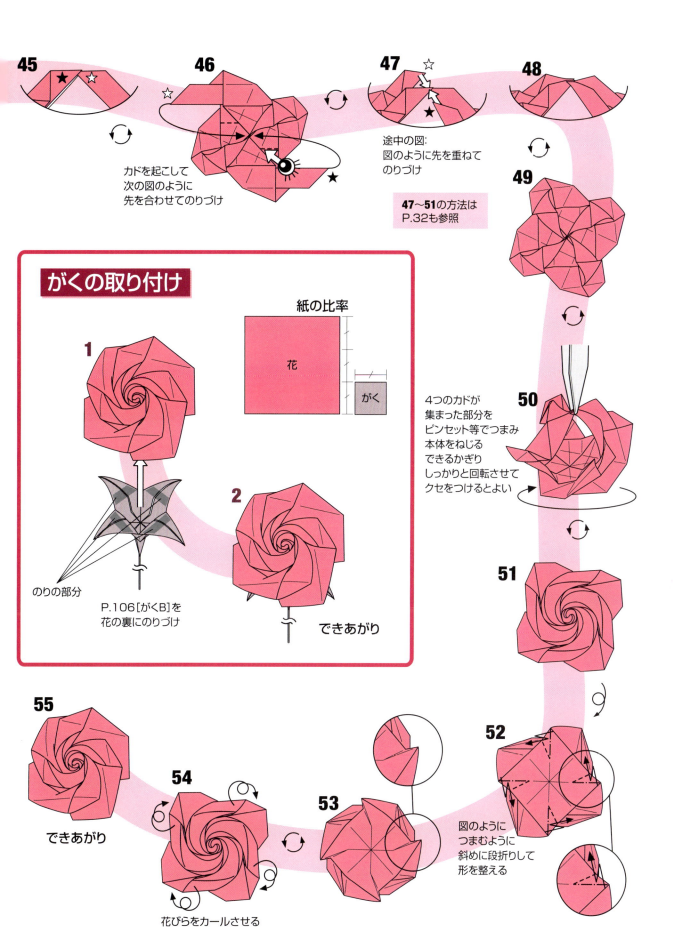

ラウンドブーケ, キャスケードブーケ

Round Bouquet
Cascade Bouquet

写真 P.12, 13

難易度 ❀❀❀❀❀

花や葉などの数は目安です。使う紙や、仕上がりの大きさに合わせて調整しましょう。

ラウンドブーケ

紙●西川ローズ:20×20cm・15枚、がくB:6.5×6.5cm・15枚／ジャスミン:6.5×6.5cm・20枚
材料●造花用ワイヤー#22・18cm・35本／フローラテープ・適量

キャスケードブーケ

紙●マコトローズ:24×24cm・16枚、がくB:8×8cm・16枚／川崎ローズ:21×21cm・9枚、がくB:7×7cm・9枚／葉A:4×4cm・16枚
材料●造花用ワイヤー#22・18cm・41本／ピック・30本／フローラテープ・適量

1

P.64
［西川ローズ］を3本だけフローラテープで束ねる

2

束ねた3本のまわりにP.70［ジャスミン］と［西川ローズ］をバランスよく束ねる

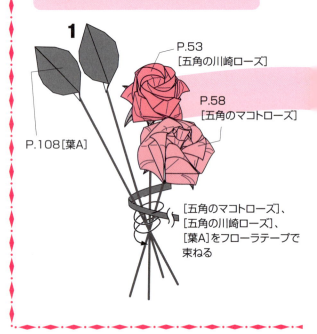

1

P.53
［五角の川崎ローズ］

P.58
［五角のマコトローズ］

P.108［葉A］

［五角のマコトローズ］、［五角の川崎ローズ］、［葉A］をフローラテープで束ねる

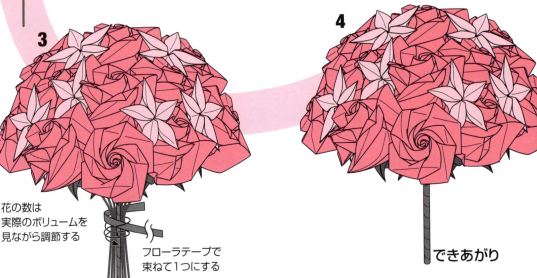

3

花の数は実際のボリュームを見ながら調節する

フローラテープで束ねて1つにする

4

できあがり

68

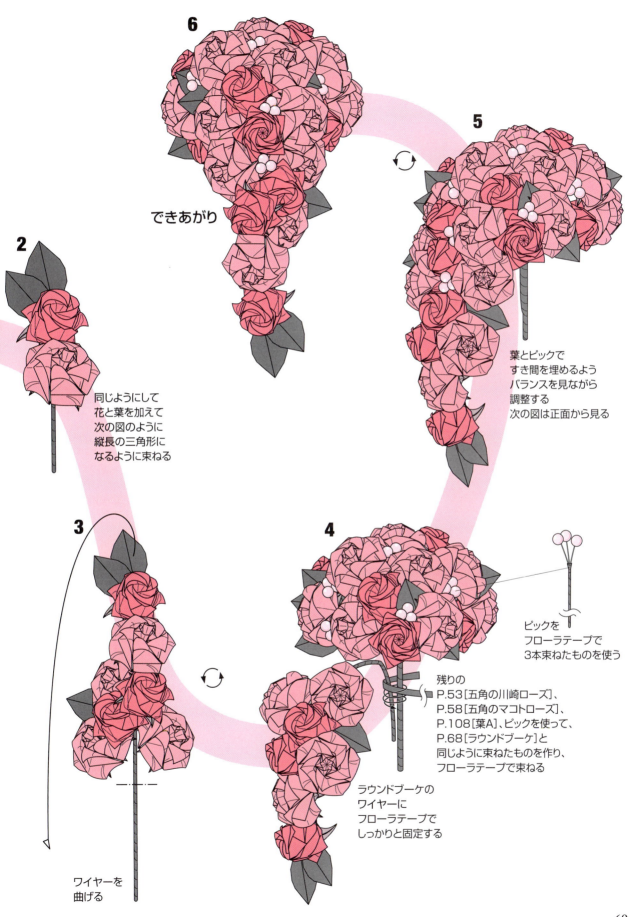

難易度 🌸🌸🌸🌸🌸　　　　写真 **P.8, 12, 15**

ジャスミン　Jasmine

紙●P.15の花:7.5×7.5cm・1枚(花1個分)／葉A:4×4cm・1枚(葉A1個分)(P.8[花のトートバッグD]の紙サイズはP.46を参照、P.12[ラウンドブーケ]の紙及び材料サイズはP.68参照)

きちんと花びらをひろげると、とてもかわいい形になります。ひろげ方には若干のコツが必要で、図23で花びらをひろげたら、形が戻ってしまわないよう、しっかりと折り筋をつけながら形を整えてください。

P.34[五角形の切り出し方]のできあがりから始める

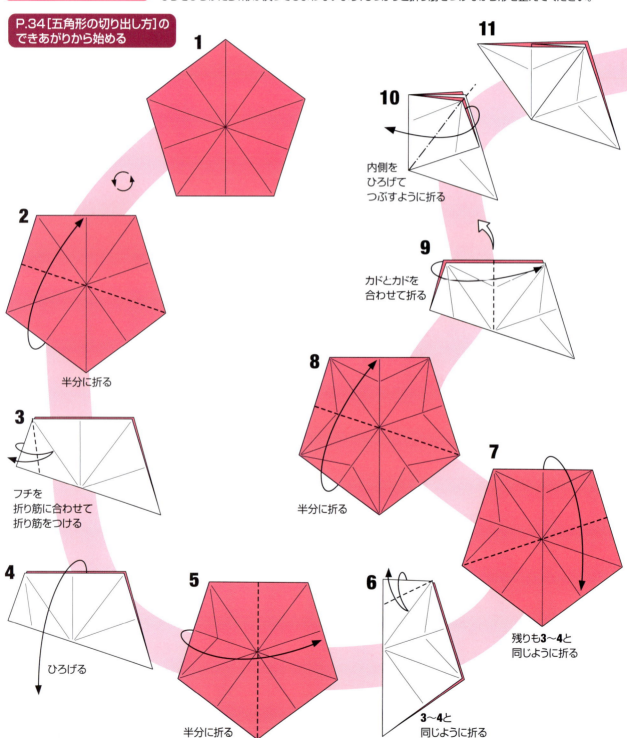

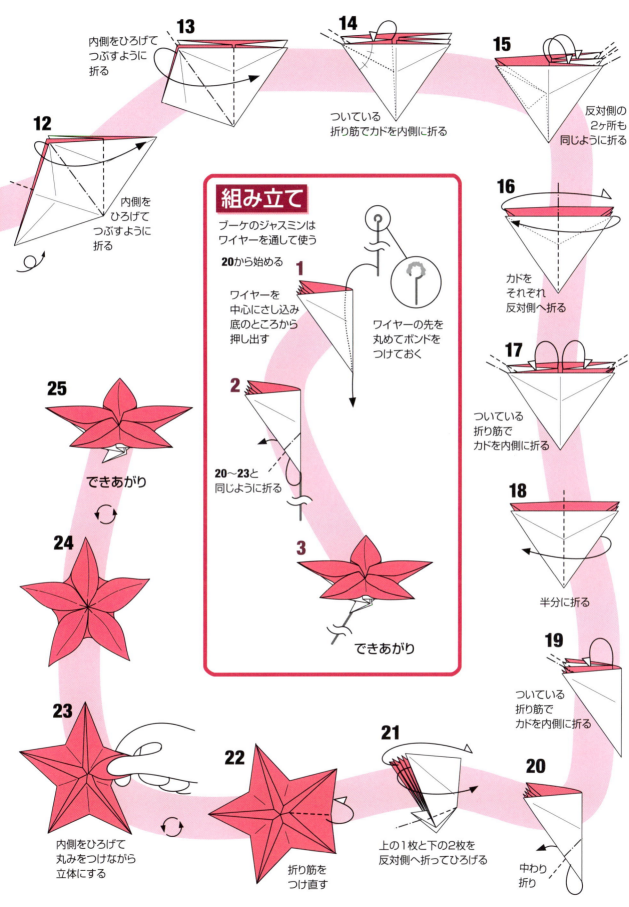

6弁

5弁

難易度 ★★☆☆☆

写真 P.16

クレマチス Clematis

紙●5弁:7.5×7.5cm・5枚(花1個分)／6弁:7.5×7.5cm・6枚(花1個分)／葉A:7.5×7.5cm・1枚(葉A1個分)(葉Aの折り方はP.108参照)
材料●葉A:造花用ワイヤー#22・36cm・1本

図18からは、紙が閉じてしまって少し折りにくくなります。図6〜11の折り筋をしっかりつけましょう。

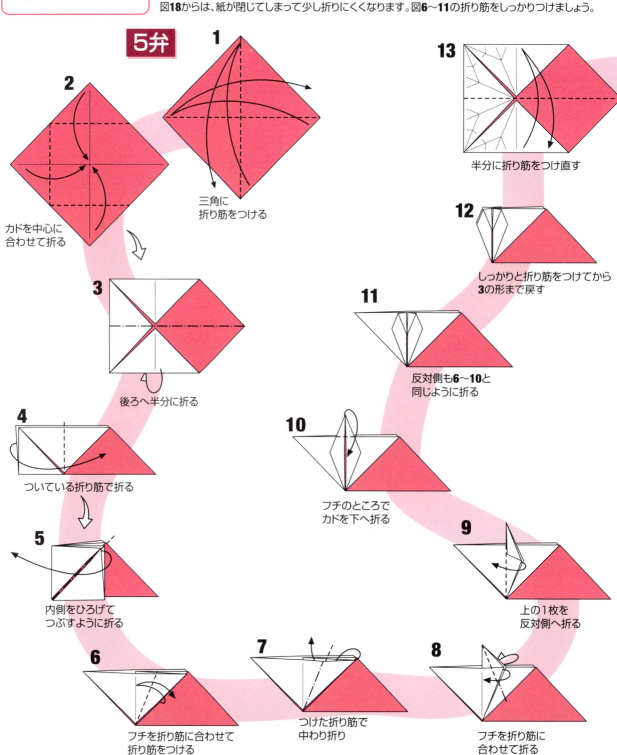

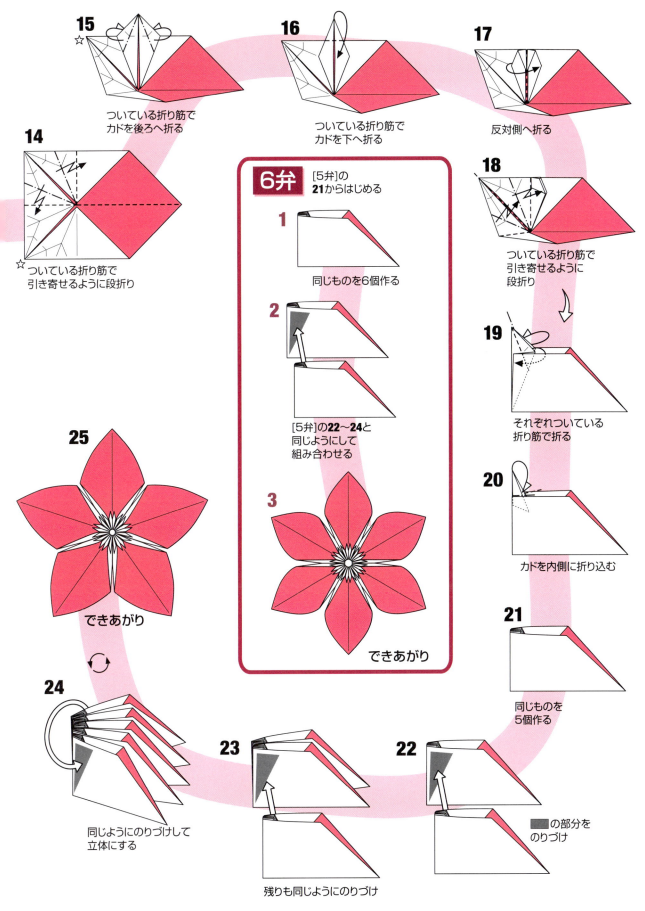

ハイビスカス Hibiscus

写真 P.10

紙●20×20cm・3枚（鉢1個分）
材料●造花用ワイヤー#22・12cm・3本／鉢・高さ8cm・1個

めしべの先端に紙の裏側の色が出ます。裏側が白の紙や両面同色の紙で折るときは、図30で折るカドの部分に別の色の紙（黄色など）を貼るとよいでしょう。

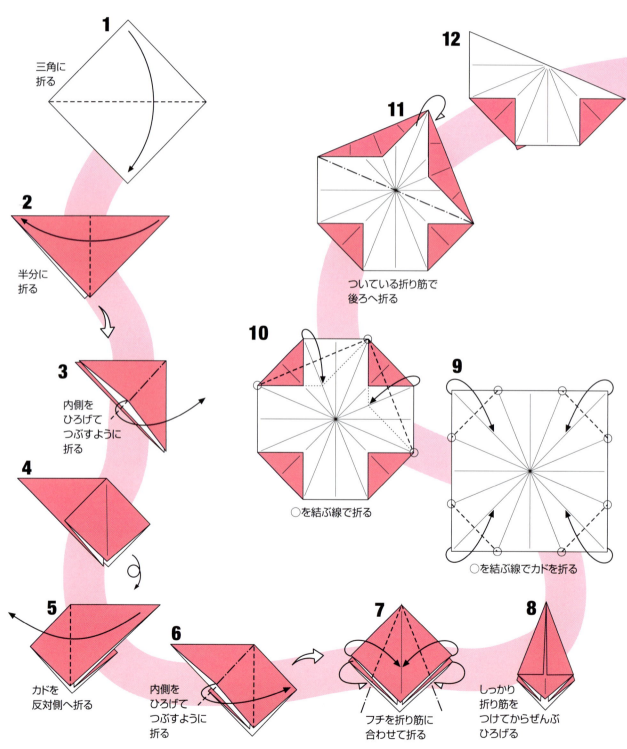

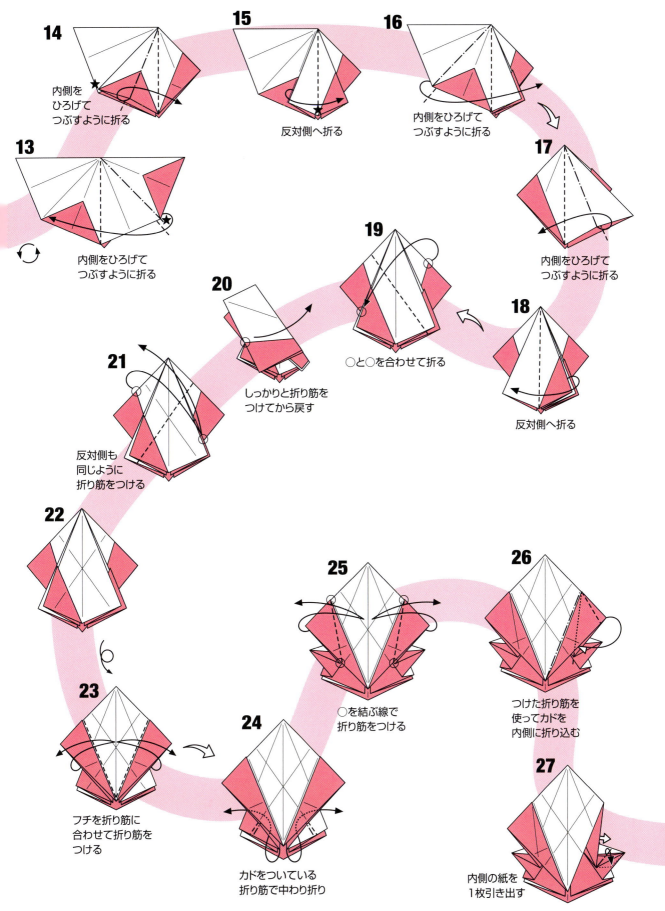

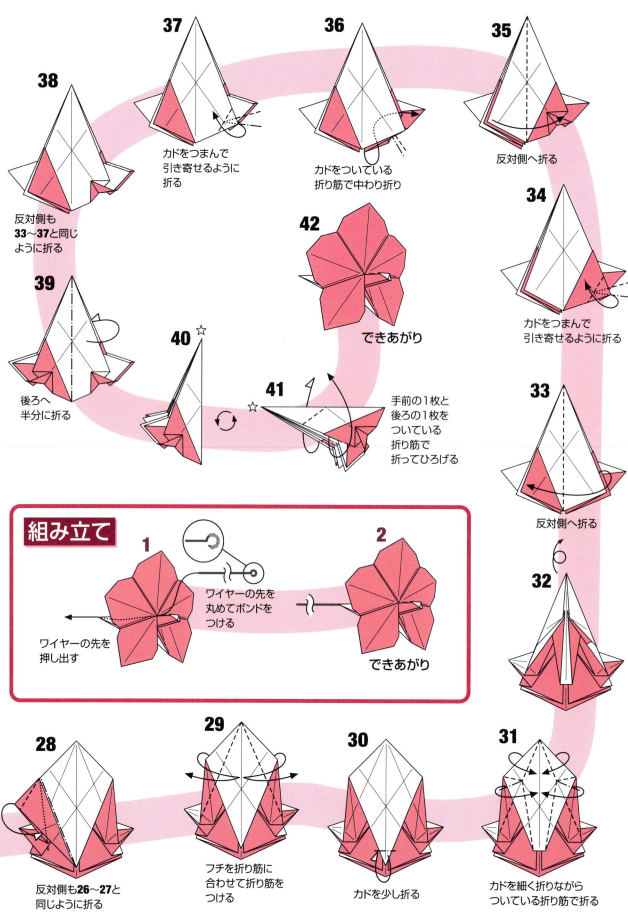

難易度 🌸✿✿✿ 写真 P.18

コスモス Cosmos

紙●花びら:4×4cm・8枚、芯:4×4cm・1枚(花1個分)

折り方は簡単ですが、小さめの紙を使うので、ちょっと細かい作業になります。P.106の[がくA]を取りつければ、立体的に飾ることもできます。その場合[がくA]は、4×4cmの紙で折るとよいでしょう。

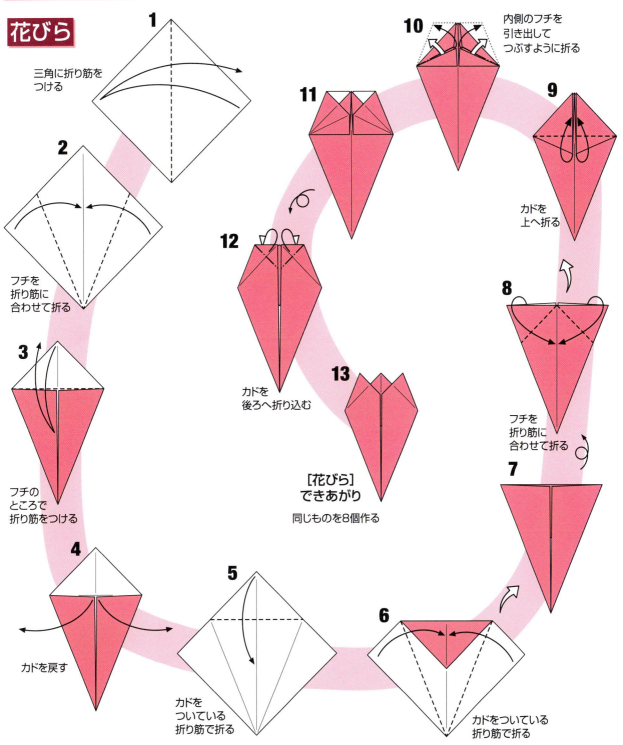

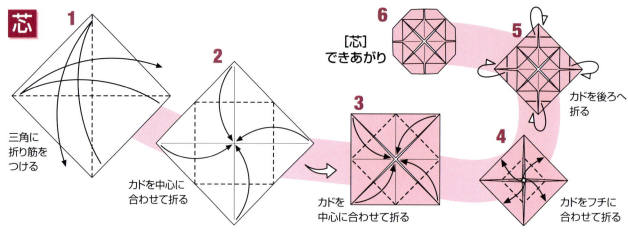

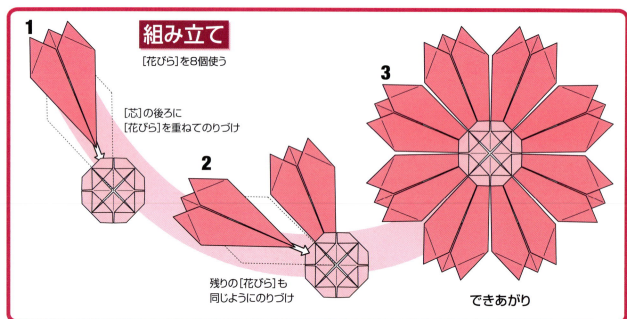

難易度 ★★☆☆☆　　　写真 P.17

ダリア　Dahlia

紙●7.5×7.5cm・8枚（花1個分）
材料●ラインストーン・直径4mm・1個

紙の重なりが多いので、厚い紙は不向きです。図14は、図16のように、裏返したときについている縦の折り筋とフチが、ぴったり重なるように折りましょう。

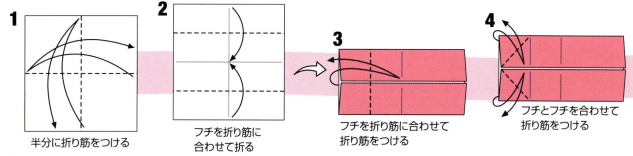

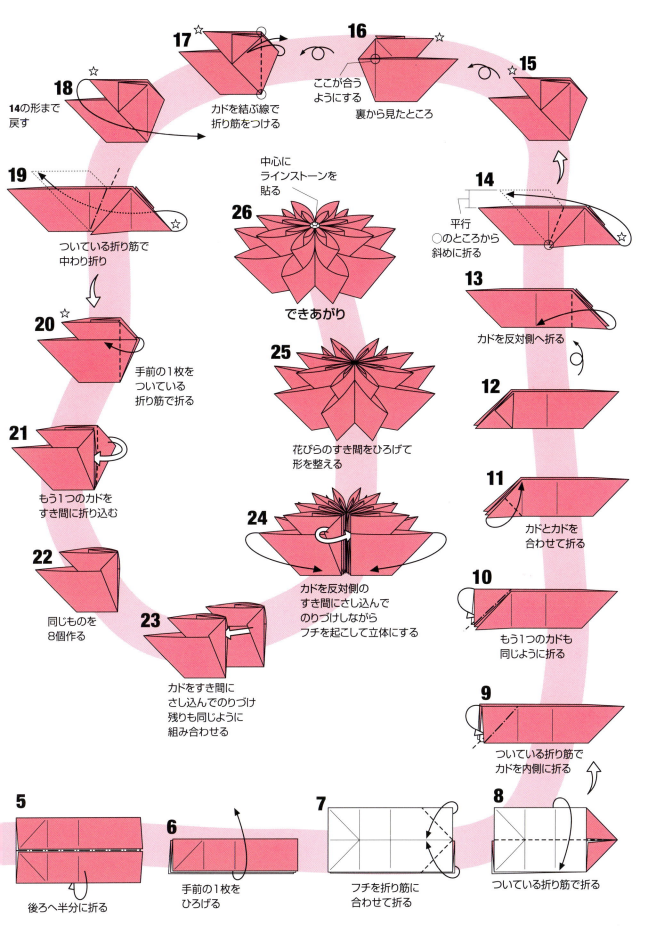

どんぐり・イチョウ Acorn, Ginkgo Leaf

難易度 🌸🌸🌼🌼🌼　　写真 P. 19

紙●どんぐり・実：7.5×7.5cm・1枚、どんぐり・帽子：7.5×7.5cm・1枚（どんぐり1個分）／イチョウ：15×15cm・1枚（イチョウ1個分）／葉B：7.5×7.5cm・1枚（葉B1個分）（折り方はP.108参照）

どんぐりは、実と帽子をのりづけするとはずれません。のりづけする前に、中にティッシュなどで詰め物をしておくと、形がくずれにくくなります。

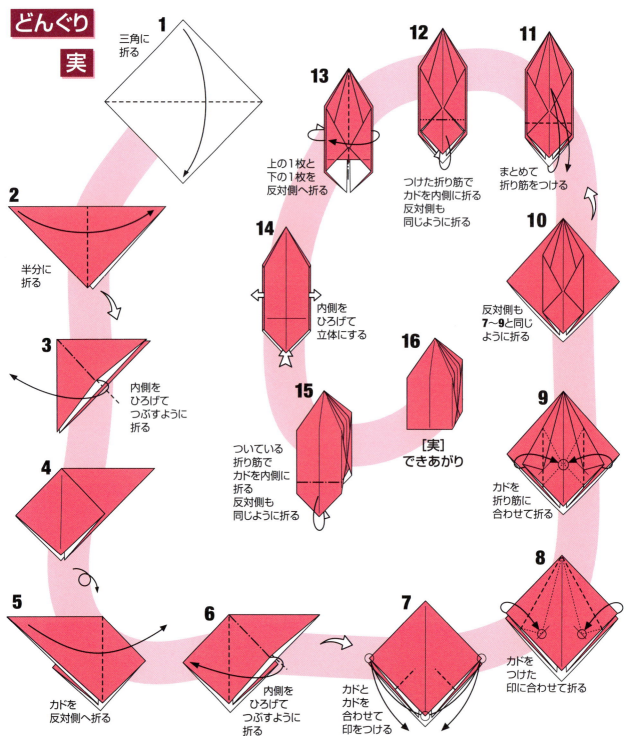

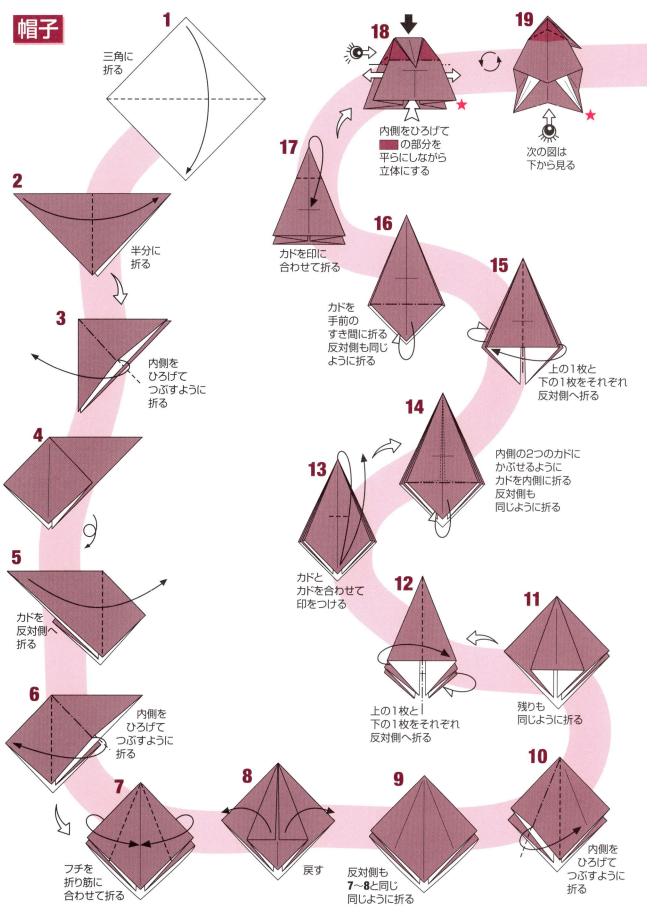

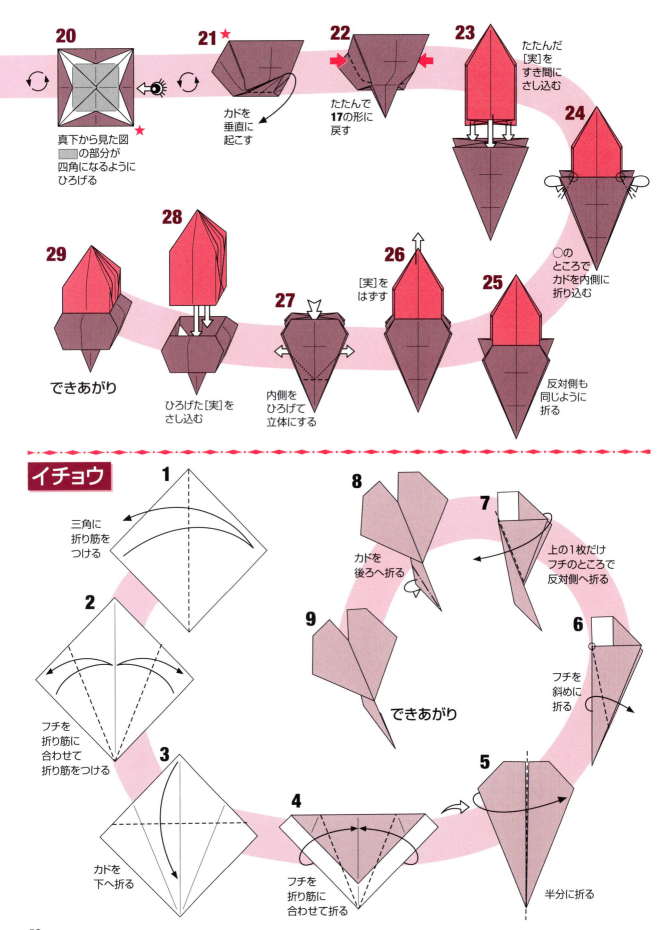

難易度 ★★★☆☆

写真 P.21

コサージュA Corsage A

紙●花（五角のマコトローズ）:24×24cm・1枚／がくB:8×8cm・1枚／葉A:4×4cm・2枚
材料●花:造花用ワイヤー#22・9cm・1本／葉A:造花用ワイヤー#22・9cm・2本／ブローチピン・1個／4cm幅リボン・適量／フローラテープ・適量

がくをつけずに、花の裏側に直接葉っぱとブローチピンをつけると、簡単なコサージュになります。

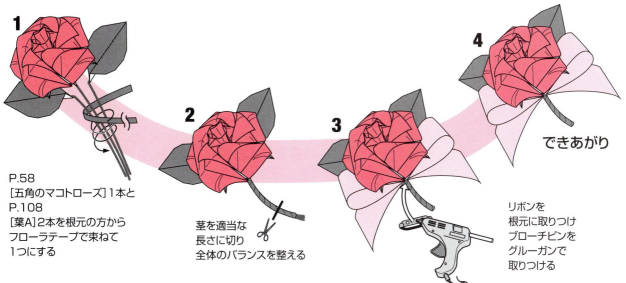

1 P.58 ［五角のマコトローズ］1本とP.108［葉A］2本を根元の方からフローラテープで束ねて1つにする

2 茎を適当な長さに切り全体のバランスを整える

3 リボンを根元に取りつけブローチピンをグルーガンで取りつける

4 できあがり

難易度 ★★★☆☆

写真 P.21

コサージュB Corsage B

紙●花（五角の川崎ローズ）:18×18cm・3枚／がくB:6×6cm・3枚／葉A:4×4cm・2枚
材料●花:造花用ワイヤー#22・9cm・3本／葉A:造花用ワイヤー#22・9cm・2本／ブローチピン・1個／4cm幅リボン・適量／フローラテープ・適量

花を束ねるバランスが難しいのですが、思い切ってぎゅっと束ねてください。

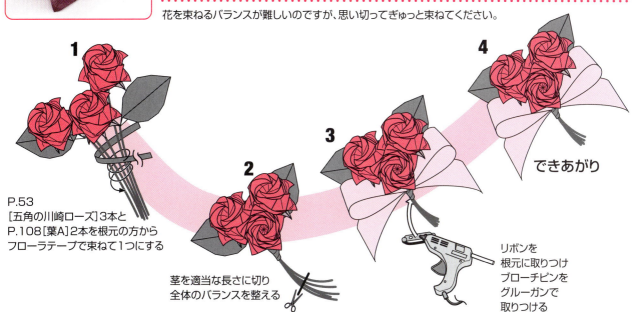

1 P.53 ［五角の川崎ローズ］3本とP.108［葉A］2本を根元の方からフローラテープで束ねて1つにする

2 茎を適当な長さに切り全体のバランスを整える

3 リボンを根元に取りつけブローチピンをグルーガンで取りつける

4 できあがり

花のトピアリーA　Flower Topiary A

難易度 ★★☆☆☆　写真 P.20

紙●一輪の花：7.5×7.5cm・5枚（花1個分）／トピアリー：7.5×7.5cm・60枚（トピアリー1個分）
材料●一輪の花：竹串・1本、フローラテープ・適量／トピアリー：竹串・5本、フローラテープ・適量、鉢・高さ7cm・1個、1.5cm幅リボン・適量、吸水性スポンジ・適量、グリーンモス・適量

同じパーツを60個折るので、ちょっと根気のいる作品です。裏と表で色や模様の違う紙を選びましょう。

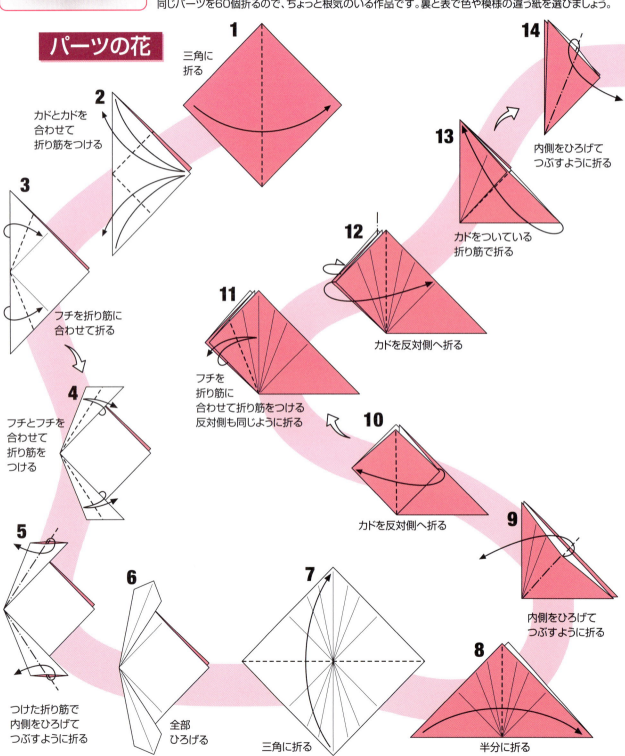

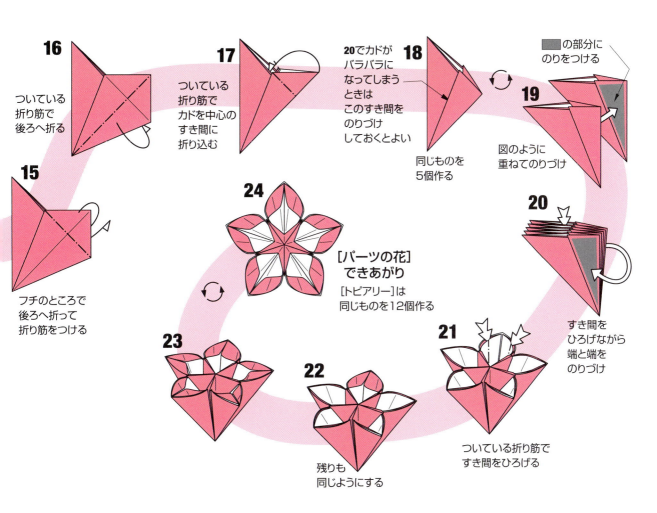
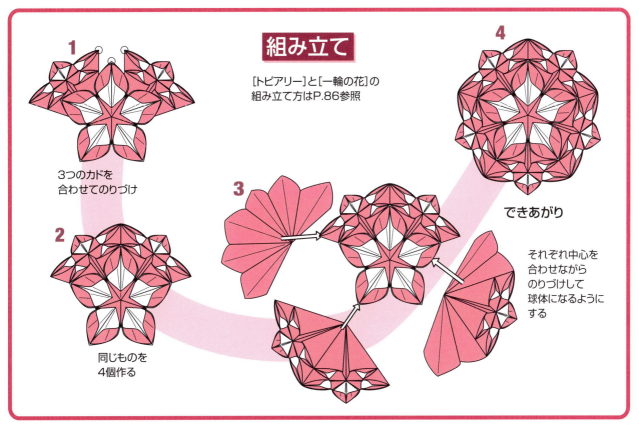

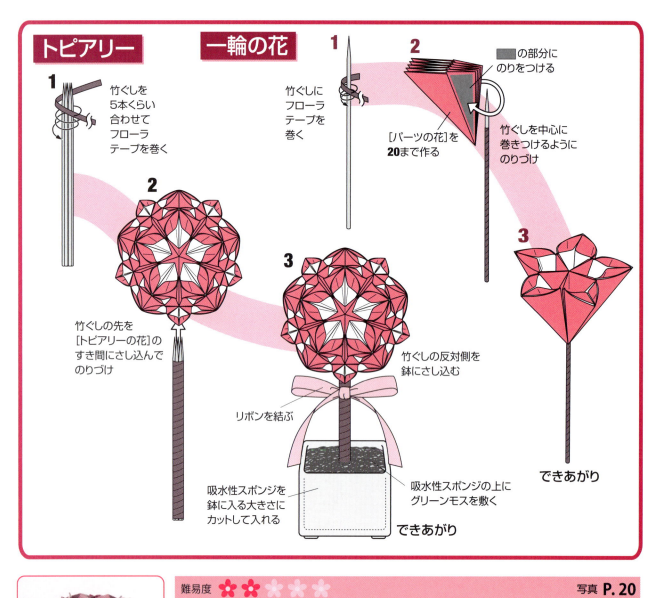

難易度 ★★☆☆☆ 写真 P.20
花のトピアリーB Flower Topiary B

紙●一輪の花:7.5×7.5cm・5枚(花1個分)／トピアリー:7.5×7.5cm・60枚(トピアリー1個分)
材料●一輪の花:竹串・1本、フローラテープ・適量／トピアリー:竹串・5本、フローラテープ・適量、鉢・高さ7cm・1個、1.5cm幅リボン・適量、吸水性スポンジ・適量、グリーンモス・適量

[花のトピアリーA]よりも複雑な模様が出る作品です。紙選びを楽しんでください。

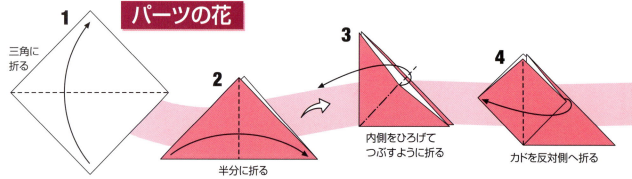

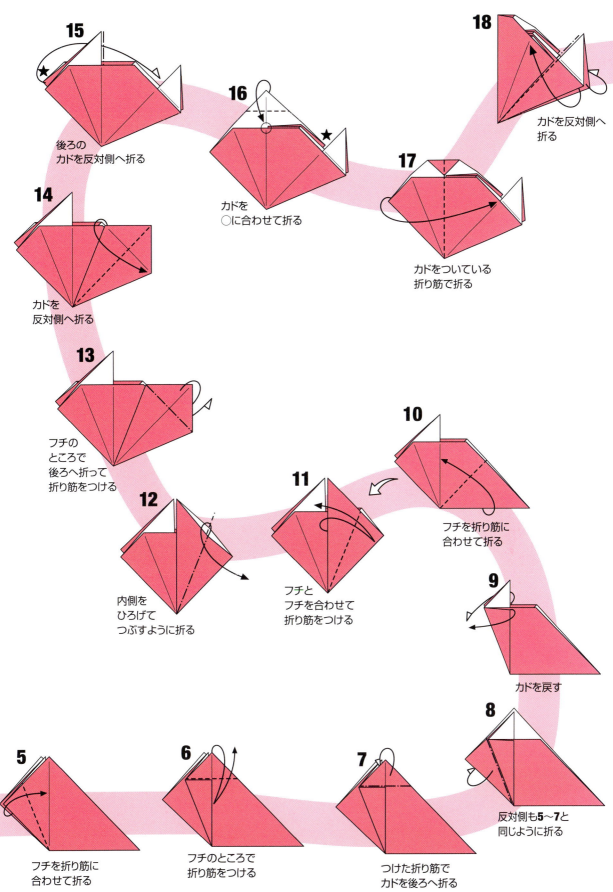

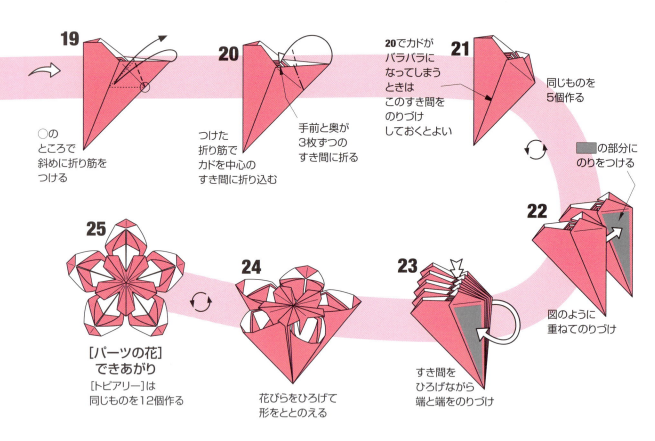

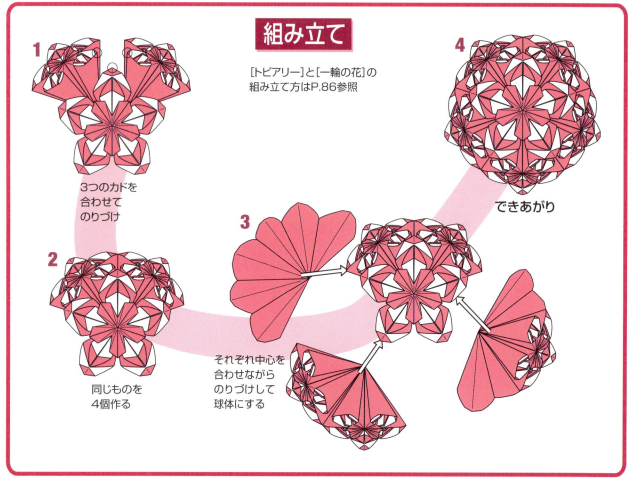

難易度 ❀❀❀❀✿　　　　　写真 **P.24**

クリスマスツリー Christmas Tree

紙●20×20cm・22枚程度
材料●円錐型の発泡スチロール(直径7cm、高さ16cm)・1個／ゴールドのピック・20本程度／2cm幅リボン・適量／造花用ワイヤー#28・適量／鉢・高さ7cm・1個

花の数は、選ぶ紙や折る人の違いでバラのサイズが多少異なるので、少し多めに折って調整しましょう。

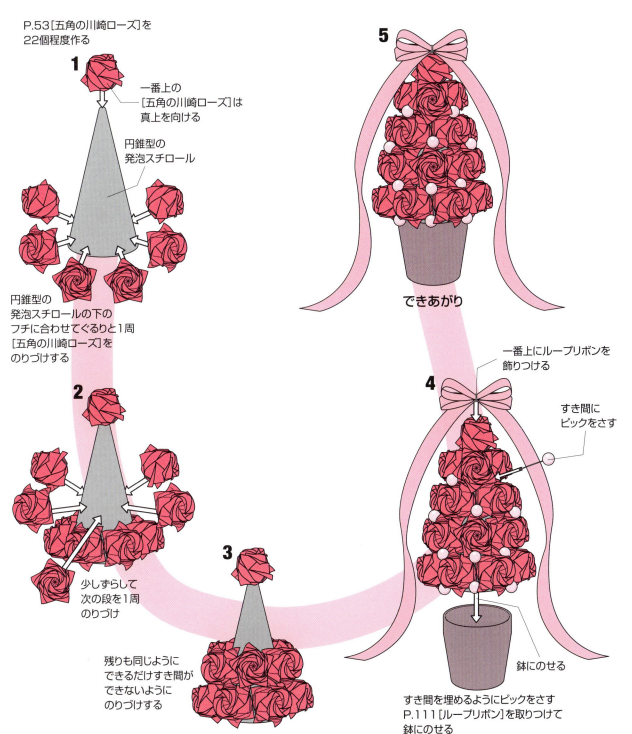

クリスマスローズのリース Christmas Rose Wreath

難易度 ★★★☆☆　写真 P.25

紙●花:13×13cm・10枚／葉A:4×4cm・35枚程度(リース1個分)
材料●葉A:造花用ワイヤー#22・6cm・35本程度／リース:直径25cm・1個

花や葉っぱの数は目安です。実際のリースの大きさに合わせて作ってください。図15では、最初に中心の十角形の折り筋を全部山折りにしましょう。P.30の写真も参考にしてください。

P.34[五角形の切り出し方]のできあがりから始める

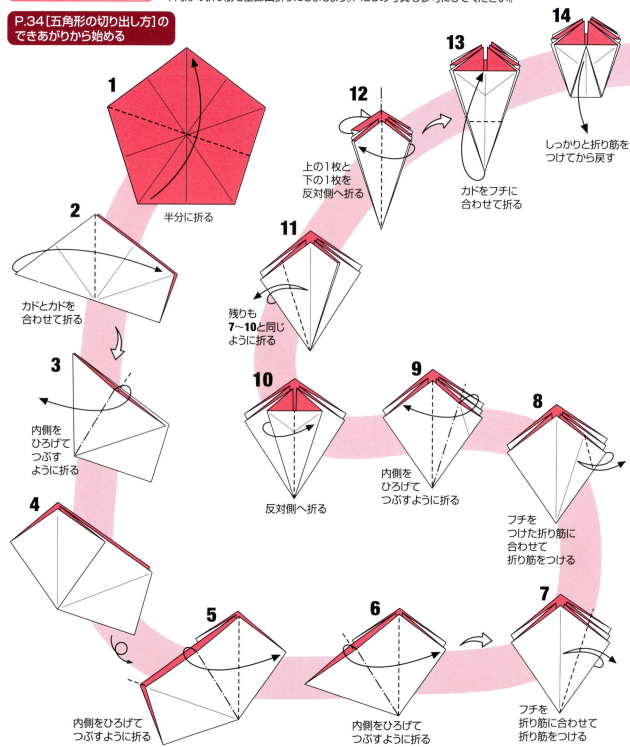

90

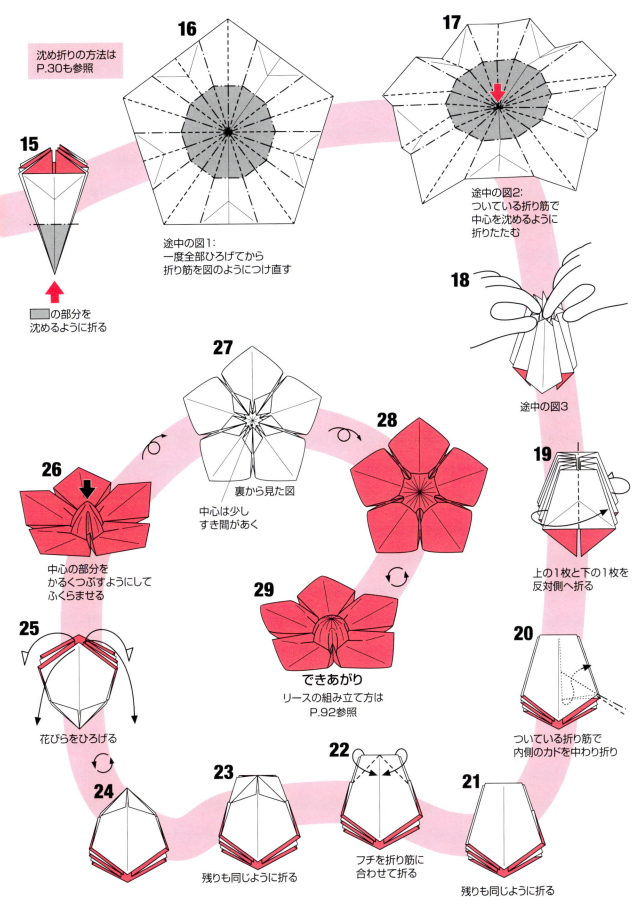

リースの組み立て

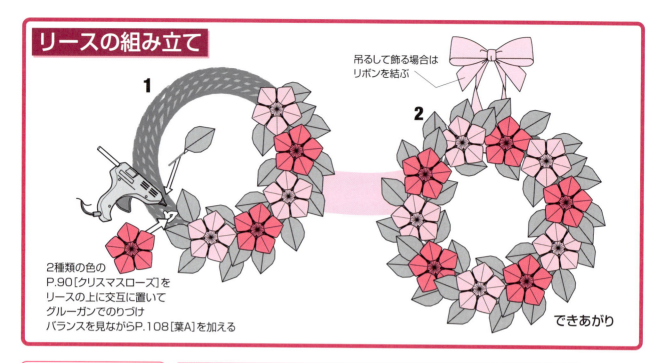

2種類の色の
P.90[クリスマスローズ]を
リースの上に交互に置いて
グルーガンでのりづけ
バランスを見ながらP.108[葉A]を加える

吊るして飾る場合はリボンを結ぶ

できあがり

難易度 ★★☆☆☆　　　写真 P.27

ポインセチア Poinsettia

紙●3×3cm・4枚、3.5×3.5cm・4枚、4×4cm・4枚、4.5×4.5cm・8枚(鉢1個分)
材料●造花用ワイヤー#22・6cm・20本／フローラテープ・適量／半球のラインストーン・直径4mm・5個／植木鉢・高さ6cm・1個／吸水性スポンジ・適量

シンプルな葉を重ねて組み立てるだけの作品ですが、意外とリアルに仕上がります。

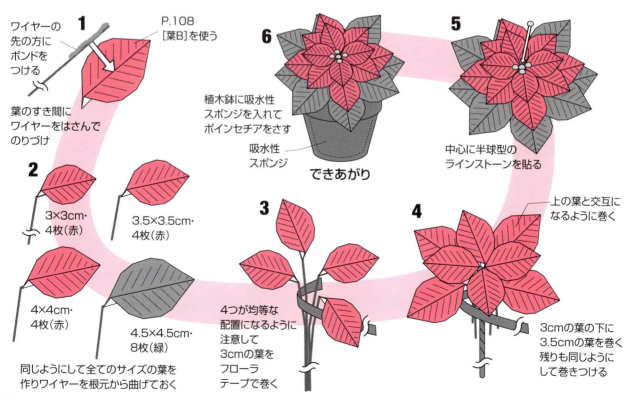

1 ワイヤーの先の方にボンドをつける / 葉のすき間にワイヤーをはさんでのりづけ / P.108[葉B]を使う

2 3×3cm・4枚(赤) / 3.5×3.5cm・4枚(赤) / 4×4cm・4枚(赤) / 4.5×4.5cm・8枚(緑) / 同じようにして全てのサイズの葉を作りワイヤーを根元から曲げておく

3 4つが均等な配置になるように注意して3cmの葉をフローラテープで巻く

4 上の葉と交互になるように巻く / 3cmの葉の下に3.5cmの葉を巻く残りも同じようにして巻きつける

5 中心に半球型のラインストーンを貼る

6 植木鉢に吸水性スポンジを入れてポインセチアをさす / 吸水性スポンジ / できあがり

写真 P.28

難易度 ❁❁❁❁❁

胡蝶蘭 Phalaenopsis orchid

紙●花:12×12cm・18枚／葉D:15×15cm・4枚(鉢1個分)
材料●花:造花用ワイヤー#22・36cm・3本、4cm・15本／葉D:造花用ワイヤー#22・18cm・4本／フローラテープ・適量／鉢・高さ9cm・1個／吸水性スポンジ・適量／グリーンモス・適量

花の芯に紙の裏の色が出ます。両面同色の紙を使うときは、図11をひろげて芯の色の紙を貼りましょう。

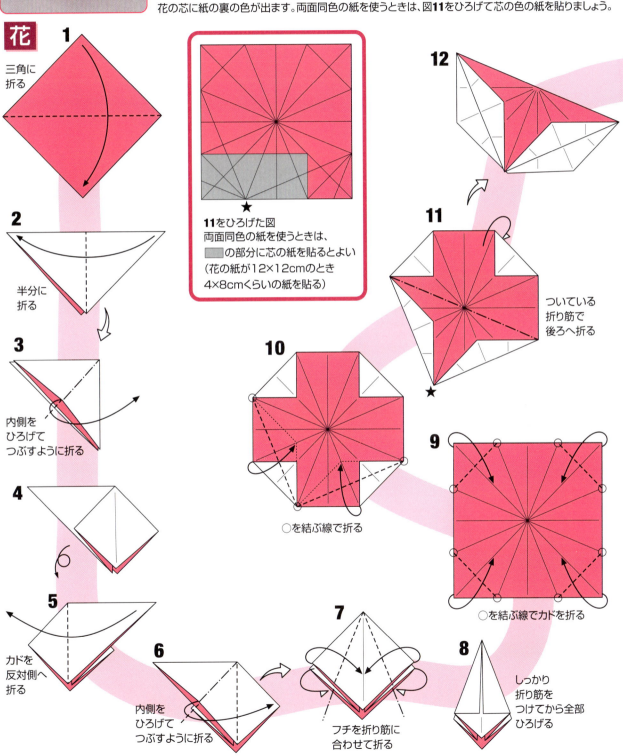

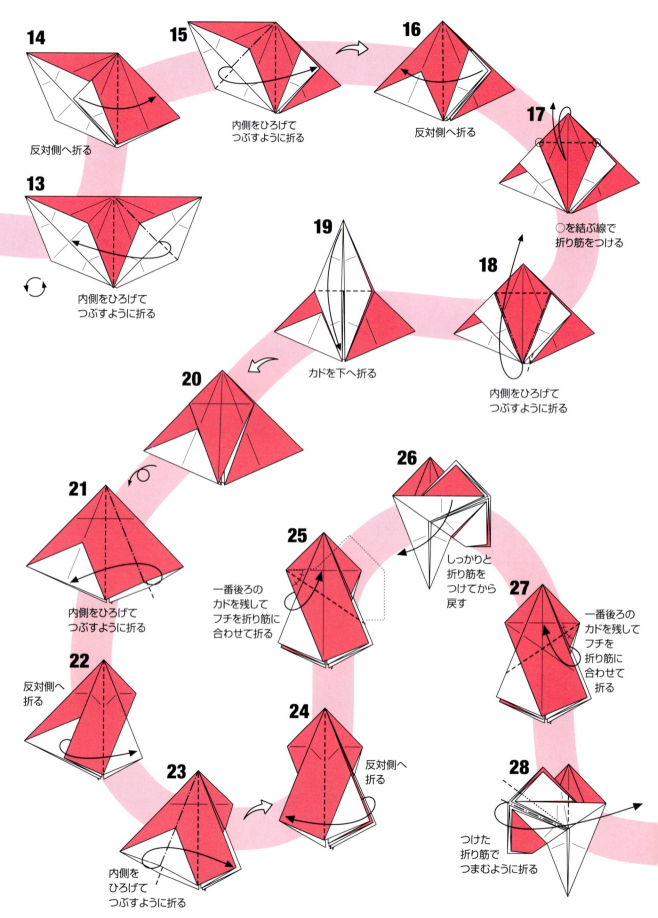

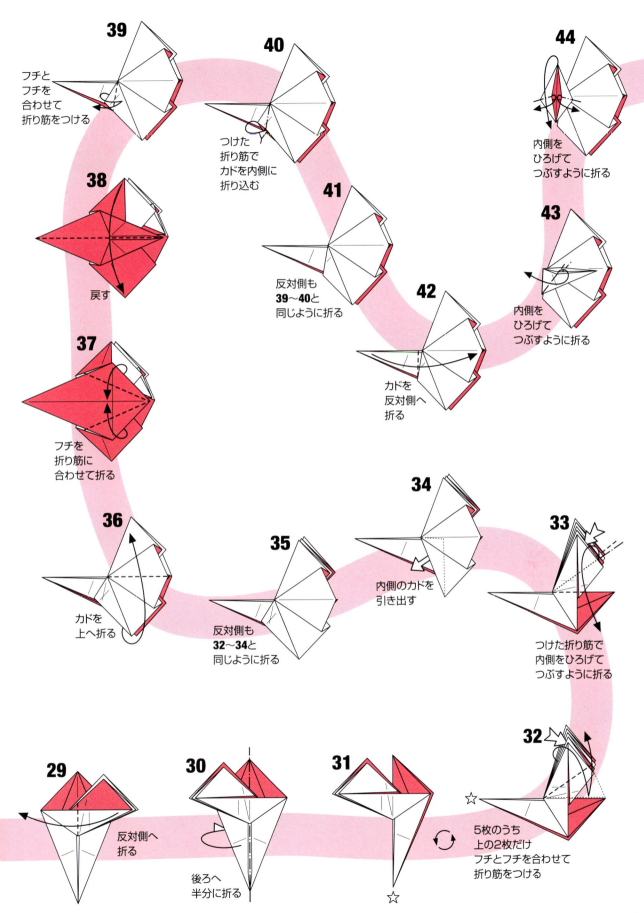

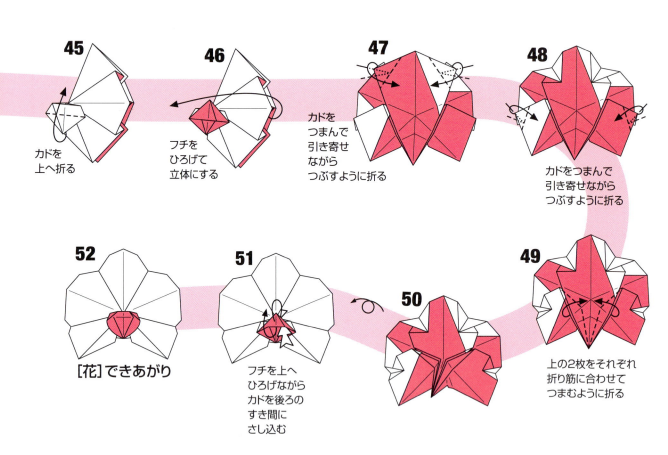
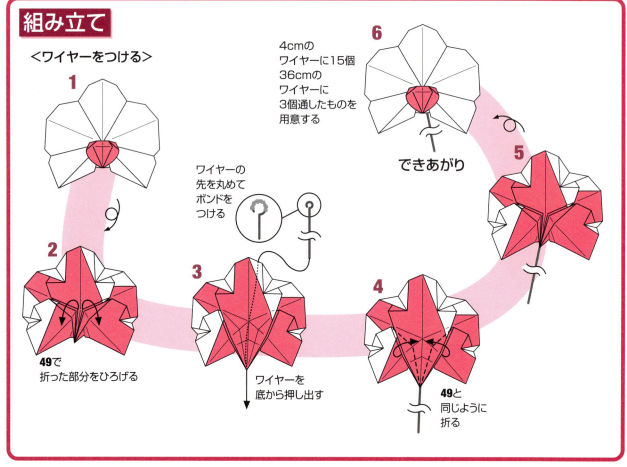

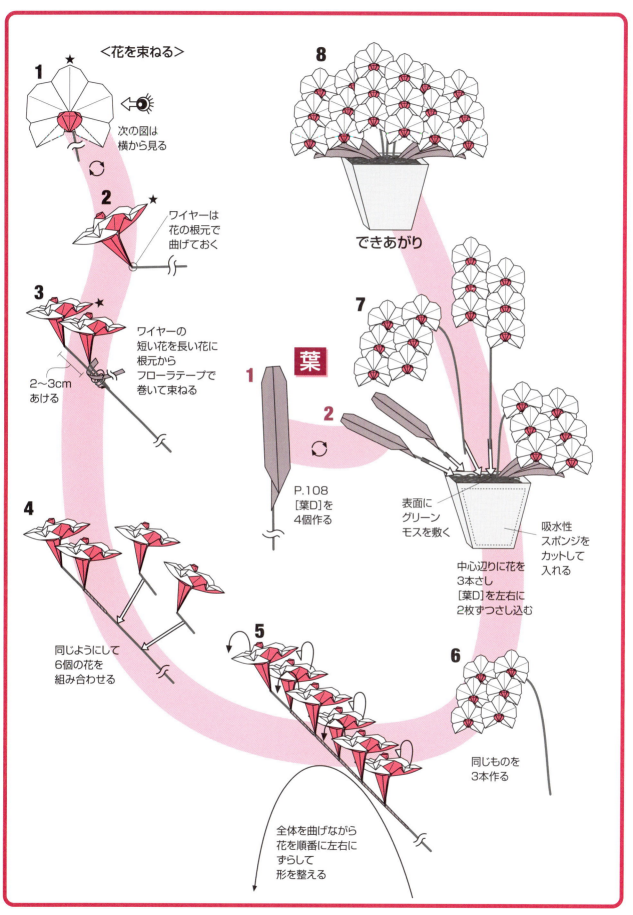

難易度 🌸🌸🌸🌸🌸　　　　　　　　　　　　　　写真 P. 26

雪の結晶　Snow Flake

紙●雪の結晶A:5×5cm・6枚(1個分)／雪の結晶B:5×5cm・8枚(1個分)

[雪の結晶A]の図10〜11は、60度を折り出すための手順です。小さくて折りにくいときは、1度に三つ折りをしてしまってもかまいません。

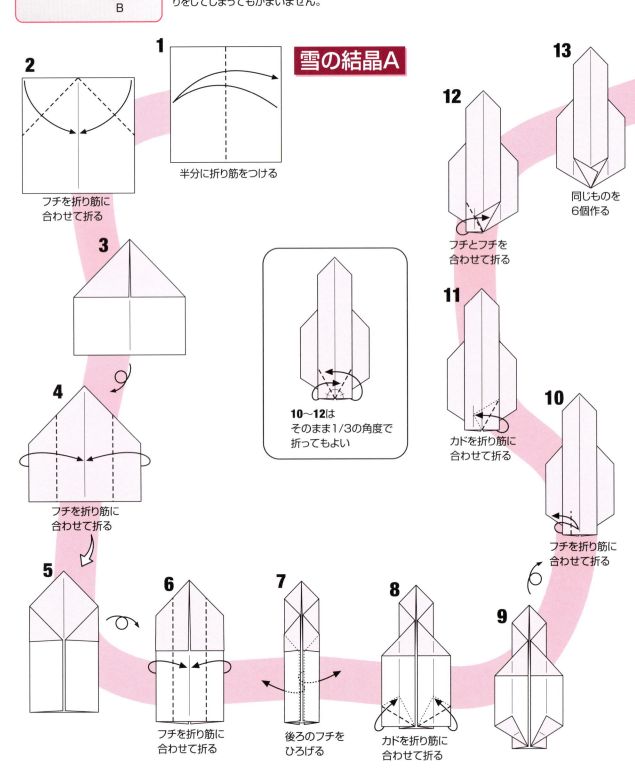

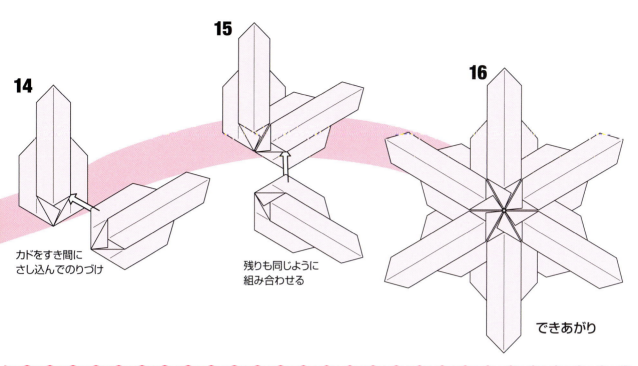

雪の結晶B

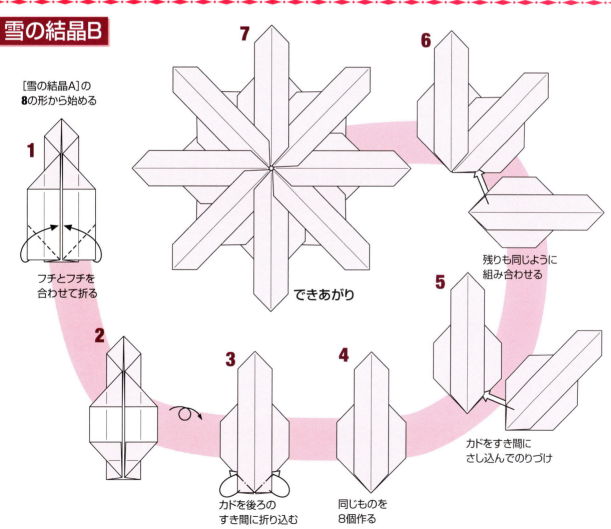

難易度 ❀❀❀❀❀　　　　　　　　　　　　　写真 P.27

スイセン Narcissus

紙●花:13×13cm・1枚、がくA:3×3cm・1枚（鉢1個分）
材料●造花用ワイヤー#22・6cm・1本／鉢・高さ5cm・1個／吸水性スポンジ・適量

六角形で折る花です。21～27までの折り筋つけが大変ですが、大事な折り筋なので、しっかりと正確につけるようにしてください。

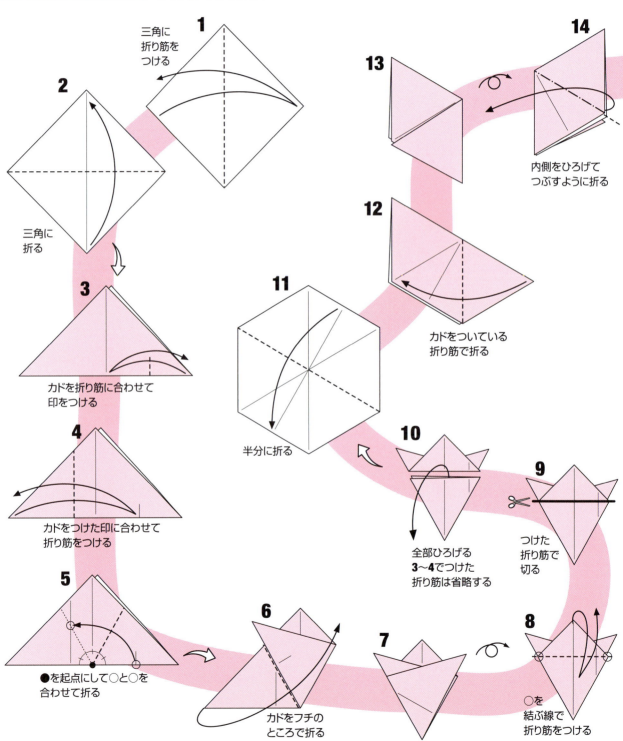

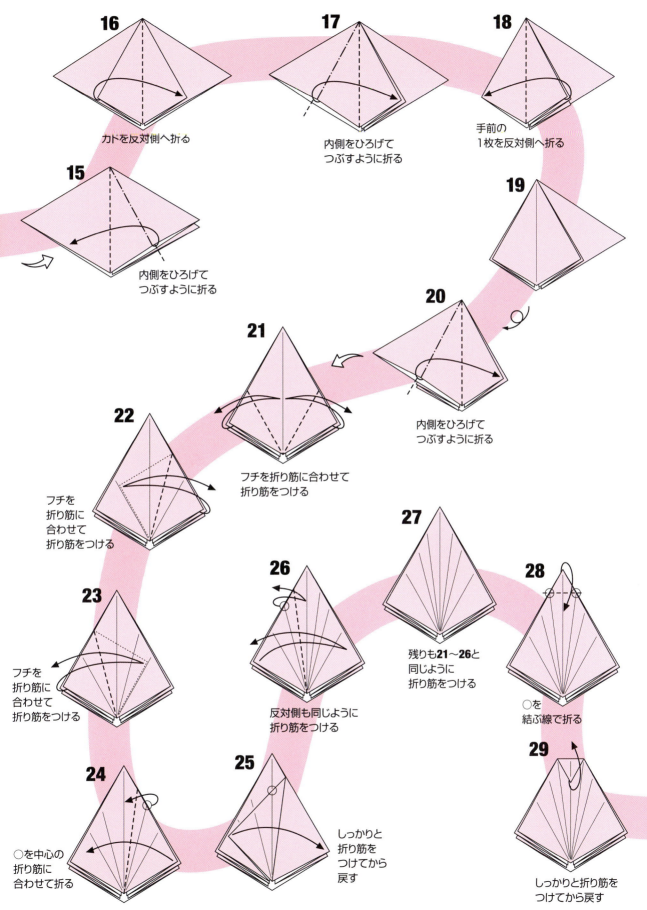

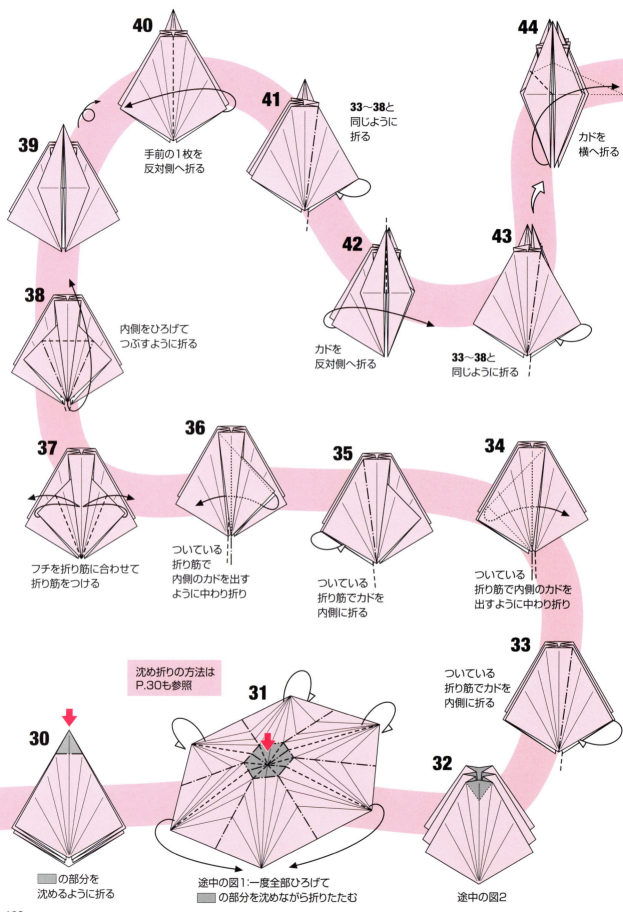

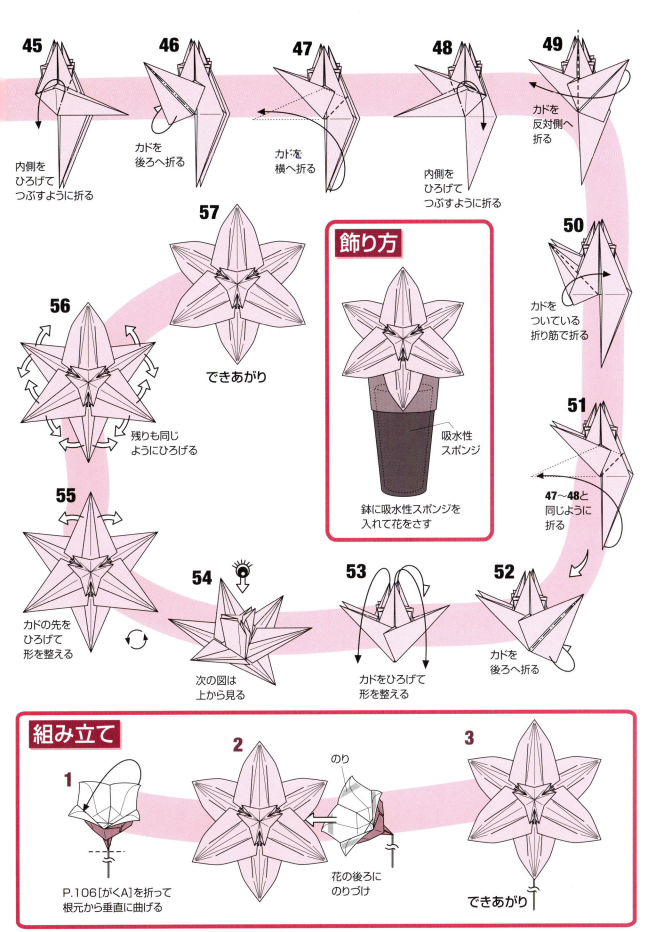

椿 Camellia

紙●花びら:15×15cm・1枚、芯:7.5×7.5cm・1枚／葉A:5×5cm・2枚(花1個分)

[花びら]の図18での立体化では、図11～12で折ったカドがひろがりやすいので注意しましょう。[芯]の図9～11の沈め折りはそれほど難しくありませんが、P.30を参考にするとよいでしょう。

写真 P.29

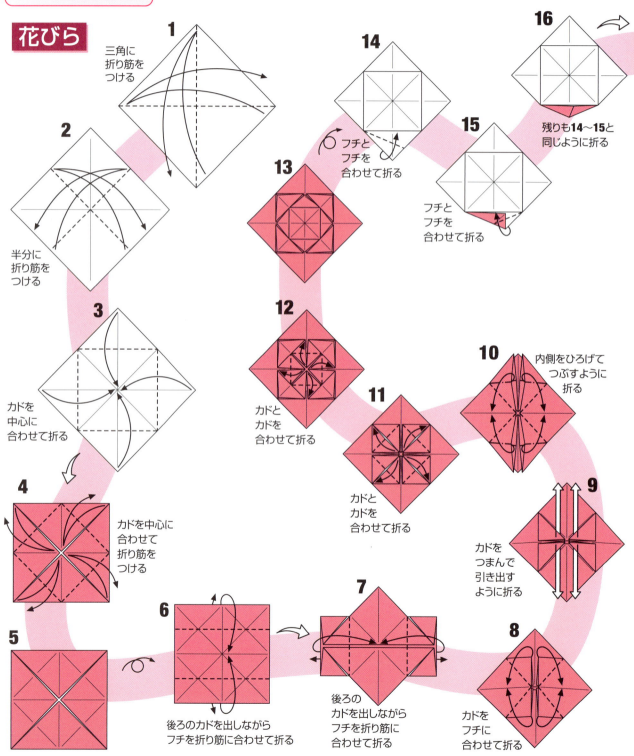

104

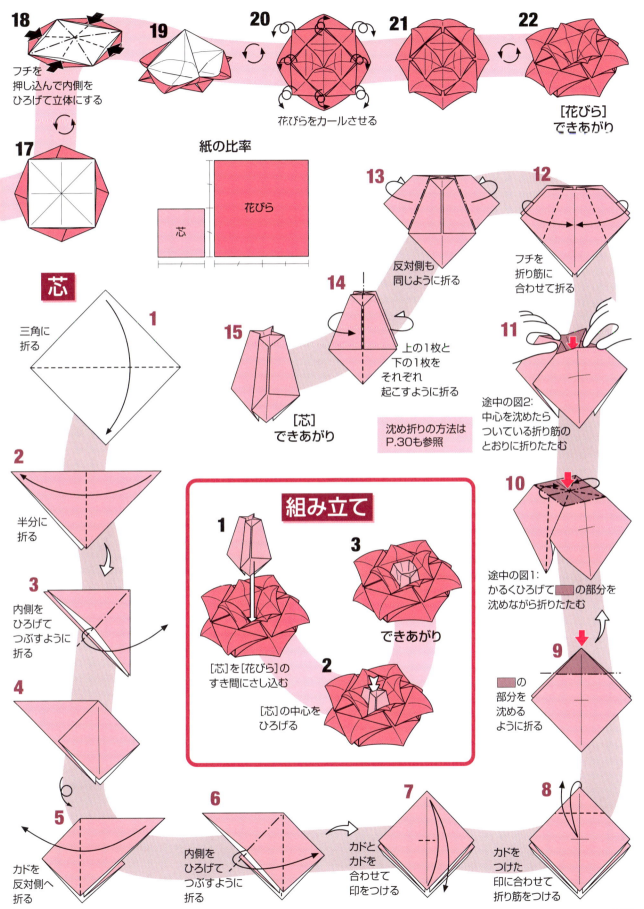

難易度 ❀❀❁❁❁

がく Calyx

紙●それぞれの花の折り図及び組み立て方参照
材料●それぞれの花の折り図及び組み立て方参照

本書の中で共通して使うパーツです。[がくA]の図12〜13、[がくB]の図13〜14は、指や先の細いもので内側から押さえてつぶすようにするとよいでしょう。

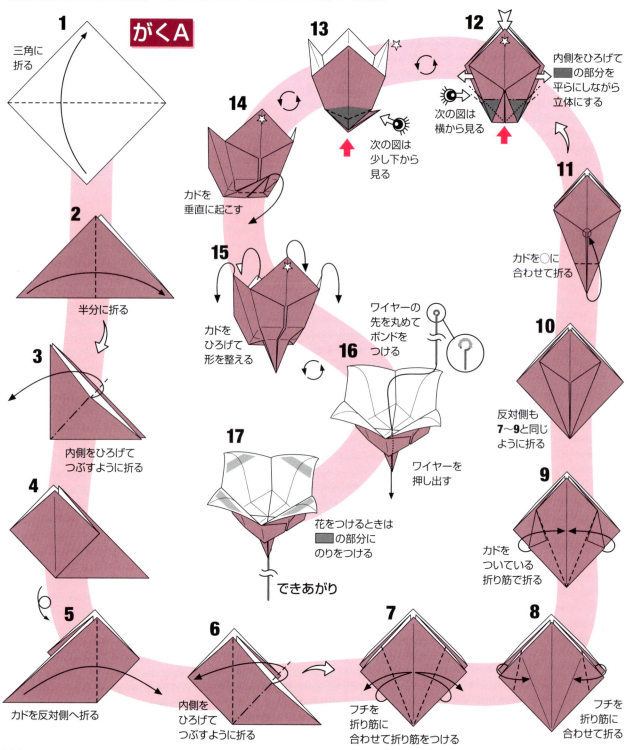

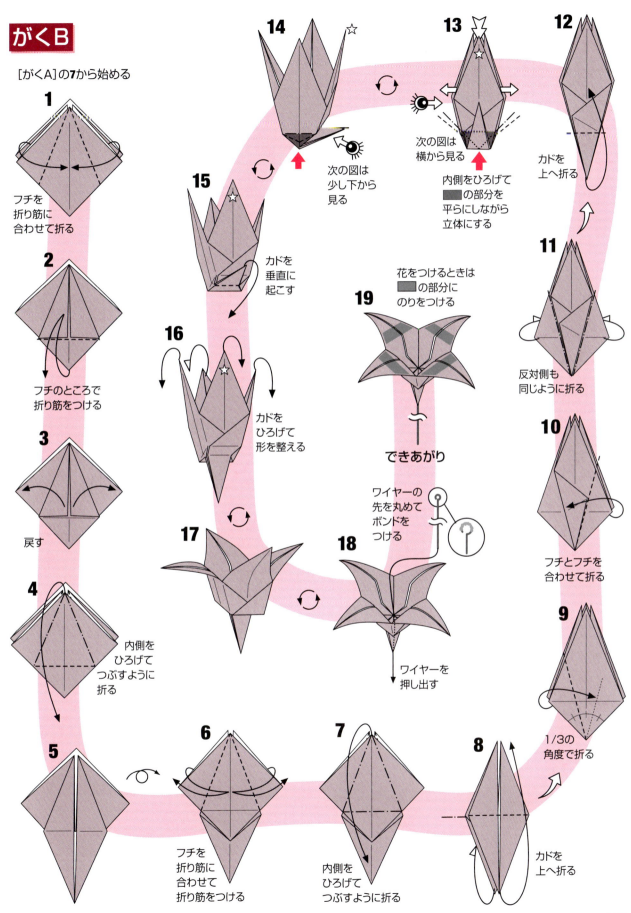

難易度 🌸☆☆☆☆

葉 Leaf

紙●それぞれの花の折り図及び組み立て方参照
材料●それぞれの花の折り図及び組み立て方参照

本書の中で共通して使う葉っぱです。

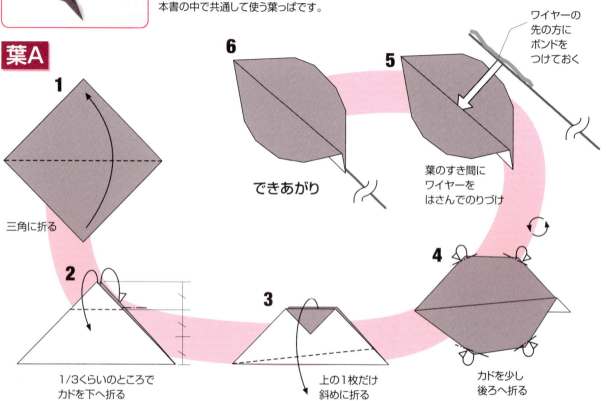

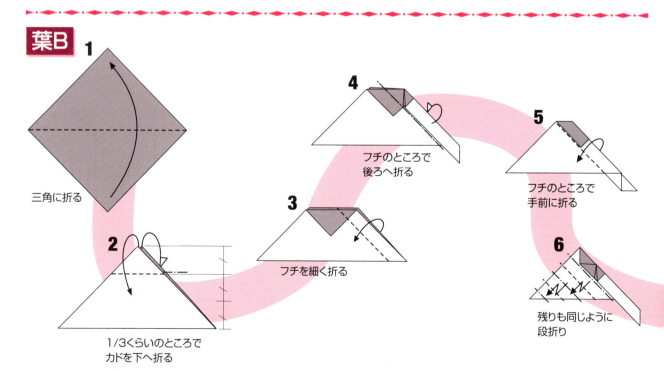

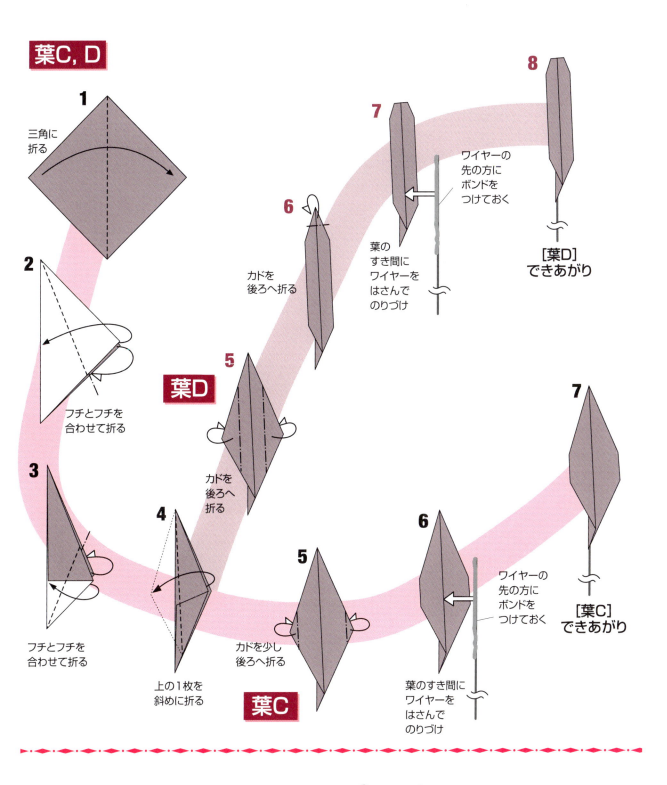
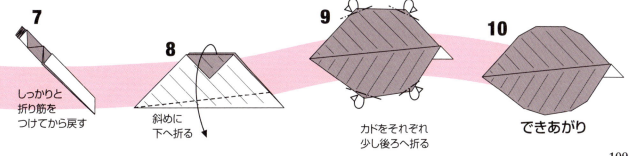

花の飾り方 How to decorate flowers

カラーページの写真に使われた、花の飾り方の例をいくつか紹介します。いろいろ工夫してみてください。

カーネーションのブーケ

[カーネーション]の折り方はP.45

紙● 花:13×13cm・5枚／包装紙:21×21cm・2枚
材料● 造花用ワイヤー#22・12cm・5本
　　　　造花用ワイヤー#28・2本／2.5cm幅リボン・適量

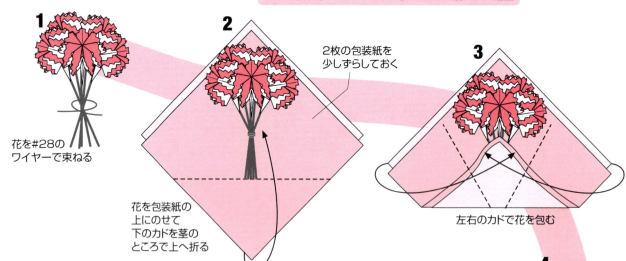

桜の飾り方

[桜]の折り方はP.35

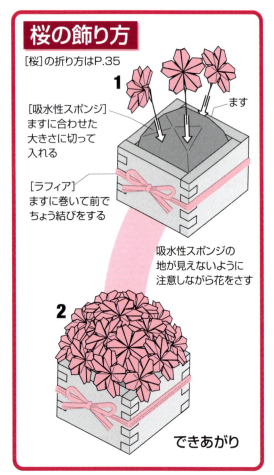

朝顔の飾り方

[朝顔]と[葉]の折り方はP.50

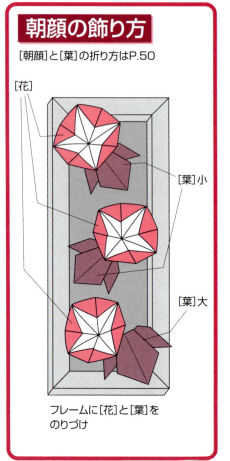

ループリボン How to Make a Loop Ribbon

材料●リボン・適量・1本／造花用ワイヤー#28・適量・1本

P.24[クリスマスツリー]につけるリボンの作り方です。中心の部分を、指でしっかりと押さえてリボンが戻らないよう注意しながら作りましょう。

ループリボン

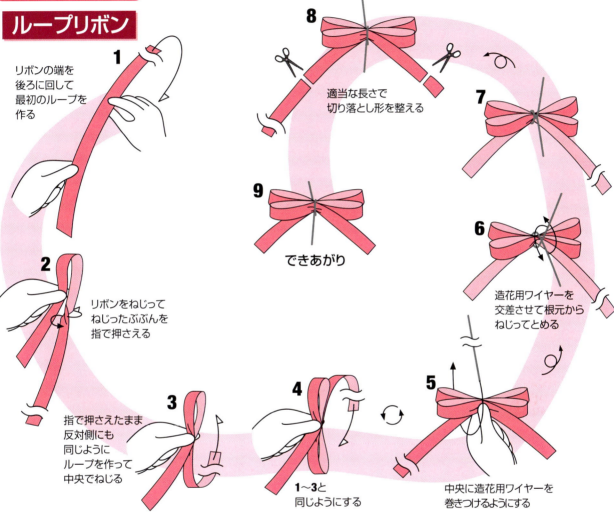

1. リボンの端を後ろに回して最初のループを作る
2. リボンをねじってねじったぶぶんを指で押さえる
3. 指で押さえたまま反対側にも同じようにループを作って中央でねじる
4. 1〜3と同じようにする
5. 中央に造花用ワイヤーを巻きつけるようにする
6. 造花用ワイヤーを交差させて根元からねじってとめる
7.
8. 適当な長さで切り落とし形を整える
9. できあがり

ベーシックループ

基本的なリボンの結び方です。

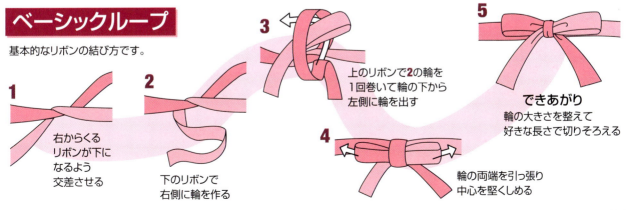

1. 右からくるリボンが下になるよう交差させる
2. 下のリボンで右側に輪を作る
3. 上のリボンで2の輪を1回巻いて輪の下から左側に輪を出す
4. 輪の両端を引っ張り中心を堅くしめる
5. できあがり 輪の大きさを整えて好きな長さで切りそろえる

山口 真　Yamaguchi Makoto

1944年、東京生まれ。日本折紙協会事務局員を経て折り紙作家として活躍中。1989年、折り紙専門のギャラリー「おりがみはうす」を開設。ここを拠点に若手作家の育成、海外の折り紙団体や作家との精力的な交流を行っている。日本折紙学会事務局長。OrigamiUSA永久会員。British Origami Society会員。韓国折紙協会名誉会員。日本折紙学会機関誌『折紙探偵団マガジン』編集長。著書は『日本のおりがみ12か月』(ナツメ社)、『飾りたい！贈りたい！すてきな花の折り紙』(PHP研究所)、『たのしい折り紙全集』(主婦と生活社)、『1年中楽しむ かわいい実用おりがみ』(ソシム)、『写真でわかる 決定版 おりがみ大百科』(西東社)など、130冊を超える。

ギャラリーおりがみはうす

〒113-0001　東京都文京区白山1-33-8-216
地下鉄・都営三田線白山駅下車　A1出口前(通りを挟んで向かい側)
電話番号：03-5684-6040　入場無料
公開時間：平日 月～金 12:00 ～ 15:00、土日・祭日 10:00 ～ 18:00
※公開時間は変更される場合があります。ウェブサイトにてご確認ください。
おりがみはうすHP : http://www.origamihouse.jp/
日本折紙学会公式HP : http://origami.gr.jp/

「西川ローズ」と「五角の川崎ローズ」は、著者の長年の友人である西川誠司氏と川崎敏和氏の承諾を得て掲載をした作品です。また「伝承作品」と表記したもの以外は、山口 真の考案によるものです。

1年中楽しめる 花の折り紙

発行日／2018年6月9日　第1刷
　　　　2025年3月3日　第18刷

著　者／山口 真
発行人／瀬戸信昭
編集人／今 ひろ子
発行所／株式会社日本ヴォーグ社
　　　　〒164-8705　東京都中野区弥生町5-6-11
　　　　Tel.03-3383-0635(編集)
出版受注センター／Tel.03-3383-0650　Fax.03-3383-0680
印刷所／TOPPANクロレ株式会社
Printed in Japan ⓒ Makoto Yamaguchi 2018
NV70474　ISBN978-4-529-05796-7

●本書に掲載する著作物の複写に関わる複製、上映、譲渡、公衆送信(送信可能化を含む)の各権利は、株式会社日本ヴォーグ社が管理の委託を受けています。
[JCOPY] <(社)出版者著作権管理機構 委託出版物>
●本書の無断複写は著作権法上での例外を除き禁じられています。複写される場合は、そのつど事前に、(社) 出版者著作権管理機構 (Tel.03-5244-5088、Fax.03-5244-5089、e-mail:info@jcopy.or.jp)の許諾を得てください。
※万一、乱丁本、落丁本がありましたら、お取り替えいたします。お買い求めの書店か、小社出版受注センターへお申し出ください。
※印刷物のため、実際の色とは色調が異なる場合があります。ご了承ください。

Staff

折り図・折り紙制作　　　おりがみはうす
本文デザイン・編集協力　松浦英子
カバーデザイン　　　　　大石妙子(ビーワークス)
編集協力　　　　　　　　沢路美子
撮　影　　　　　　　　　松岡茂樹
編　集　　　　　　　　　加藤麻衣子

この本に関するご質問は、お電話またはWebで
書名／1年中楽しめる 花の折り紙
本のコード／NV70474
Tel.03-3383-0635(平日13：00 ～ 17：00受付)
Webサイト「手づくりタウン」
https://www.tezukuritown.com/
※サイト内(お問い合わせ)からお入りください(終日受付)

We are grateful.
あなたに感謝しております

手づくりの大好きなあなたが、この本をお選びいただきましてありがとうございます。内容はいかがでしたでしょうか？本書が少しでもお役に立てば、こんなにうれしいことはありません。
日本ヴォーグ社では、手づくりを愛する方とのおつき合いを大切にし、ご要望にお応えする商品、サービスの実現を常に目標としています。小社および出版物について、何かお気づきの点やご意見がございましたら、何なりとお申し出ください。そういうあなたに、私共は常に感謝しております。

株式会社日本ヴォーグ社　社長　瀬戸信昭
Fax.03-3383-0602

日本ヴォーグ社関連情報はこちら
(出版、通信販売、通信講座、スクール・レッスン)
https://www.tezukuritown.com/　手づくりタウン　検索